Dale Carnegie

La comunicación: tu camino hacia el éxito

Si este libro le ha interesado y desea que le mantengamos informado de nuestras publicaciones, escríbanos indicándonos qué temas son de su interés (Astrología, Autoayuda, Ciencias Ocultas, Artes Marciales, Naturismo, Espiritualidad, Tradición...) y gustosamente le complaceremos.

Puede consultar nuestro catálogo en www.edicionesobelisco.com

Colección Nueva Conciencia
LA COMUNICACIÓN: TU CAMINO HACIA EL ÉXITO
Dale Carnegie

1.ª edición: febrero de 2011

Título original: *Communicating Your Way to Success*

Traducción: *Ainhoa Pawlowsky*
Corrección: *Sara Moreno*
Maquetación: *Marta Ribón*
Diseño de cubierta: *Enrique Iborra*

Edita: Ediciones Obelisco, S. L.
Pere IV, 78 (Edif. Pedro IV) 3.ª planta, 5.ª puerta
08005 Barcelona - España
Tel. 93 309 85 25 - Fax 93 309 85 23
E-mail: info@edicionesobelisco.com

Paracas, 59 C1275AFA Buenos Aires - Argentina
Tel. (541-14) 305 06 33 - Fax: (541-14) 304 78 20

ISBN: 978-84-9777-721-6
Depósito Legal: B-1.474-2011

Printed in Spain

Impreso en España en los talleres gráficos de Romanyà/Valls, S.A.
Verdaguer, 1 - 08786 Capellades (Barcelona)

Prólogo

La comunicación es una vía de doble sentido

Hay cuatro maneras, sólo cuatro maneras, de relacionarnos con el mundo. Nos valoramos y clasificamos a partir de ellas cuatro: qué hacemos, qué aspecto tenemos, qué decimos y cómo lo decimos.

Dale Carnegie

Estos días, la comunicación –aquello que decimos y cómo lo decimos– es un importante factor que determina si triunfaremos o fracasaremos. Los grandes líderes del gobierno, la industria y la educación disponen de la capacidad de comunicarse eficazmente con los demás.

Esta habilidad no es necesariamente innata. Cualquier persona que lo desee puede adquirirla. Lo único que necesita es voluntad y determinación. En cuanto mejoramos nuestra capacidad para comunicarnos, podemos presentar con más eficacia nuestras ideas ante nuestro jefe, nuestros socios, nuestros clientes e incluso a nuestros amigos y familiares.

Imaginemos ser capaces de comunicarnos con más influencia y entusiasmo. Podemos hacer que una reunión aburrida se convierta en un encuentro dinámico y provechoso. Podemos inspirar y motivar a nuestros socios para cumplir con esos plazos y superar los objetivos que les planteamos.

Buena parte de la comunicación cotidiana es una oportunidad para que ocurran errores y malentendidos. Parte del lenguaje que utilizamos es comprendido con facilidad dentro de nuestra propia empresa, pero esta jerga a menudo es confusa para las personas externas a ella.

Cuando organizamos nuestros pensamientos y no intentamos abarcar todo un tema, mantenemos a quienes nos escuchan en el mismo nivel de atención, porque a las personas les gusta el orden y la claridad.

Todos los profesionales deben ser capaces de expresar sus opiniones con claridad, concisión y convicción, especialmente en situaciones espontáneas e inesperadas. Estas situaciones requieren coraje, confianza, capacidad de organizar los pensamientos rápidamente y capacidad de expresarlos de una manera coherente y persuasiva.

La comunicación no es una vía de un solo sentido. No sólo se trata de un emisor que le envía un mensaje a otro individuo. Para que sea efectiva, debe ser una carretera de doble sentido en la que fluyan retroalimentaciones continuamente de un individuo al otro. El emisor del mensaje debe buscar y recibir una respuesta del receptor. El comunicador debe asegurarse siempre de que el receptor comprende y acepta el mensaje que le está enviando. A fin de lograrlo, el emisor debe preguntar, observar lo observable y, en caso de que haya malentendidos, corregirlos y asegurarse de que se comprenden las correcciones. Debe buscar la aceptación de la comunicación por parte del receptor para que haya una disposición sincera a realizar aquello que desea.

Si se siguen estos fundamentos de una buena comunicación, no sólo nuestros mensajes se comprenderán más fácilmente, sino que las tareas laborales se realizarán con menos errores y con más puntualidad, nuestros trabajadores serán más eficientes y estarán más contentos, y nosotros seremos capaces de realizar nuestra tarea como gerentes con menos problemas y más satisfacción.

En este libro el lector aprenderá algunas estrategias para mejorar su comunicación, tanto la oral como la escrita, contribuyendo así a dar un paso importante para triunfar en su trabajo y en cada aspecto de su vida.

Aprenderá a perfeccionar sus habilidades en la comunicación oral a partir de su experiencia cotidiana en la interacción con otras personas –el arte de la conversación– para realizar discursos públicos a una gran audiencia o para presentar un informe a los miembros de un grupo o comité.

Aprenderá a escuchar realmente lo que dice otra persona a fin de poder comprender completamente el mensaje. Descubrirá cómo su lenguaje corporal resalta o devalúa su mensaje y cómo interpretar el lenguaje corporal de sus interlocutores.

También aprenderá cómo hacer que su comunicación escrita –ya sea mediante cartas, memorandos, correos electrónicos o mensajes de texto– sea clara, concisa, completa y más atractiva para el lector.

A fin de que el lector saque el máximo provecho de este libro, es aconsejable que primero lo lea todo para absorber el concepto global de ofrecer y recibir ideas e información. Entonces, debe releer cada capítulo y empezar a aplicar las directrices para lograr cada una de las áreas comprendidas. De este modo se situará en el camino para ser mejor comunicador: un gran paso hacia delante en el camino del éxito.

Arthur R. Pell
Doctor en Filosofía y editor

Capítulo 1

Comunicar ideas a los demás

Don M. estaba furioso. «Le expliqué con detalle cómo llevar a cabo esta tarea. Me dijo que lo había comprendido y ahora lo ha echado todo a perder. Hay que volver a hacerlo todo otra vez.»

¿Cuántas veces le ha ocurrido lo mismo al lector? Le da instrucciones detalladas a un subordinado, le explica una idea a un socio, le describe un procedimiento a un cliente y se va con la sensación de que se ha comprendido perfectamente para luego descubrir que no se ha entendido en absoluto. Podríamos evitarnos muchos inconvenientes y ahorrarnos mucho tiempo si pudiéramos asegurarnos de que la otra persona recibe aquello que le comunicamos del modo que queremos.

¿Realmente se ha comprendido el mensaje?

Cuando Don le dio a su subordinado las instrucciones detalladas, ¿qué pregunta crees que le hizo cuando terminó su explicación? Lo has acertado. Le preguntó: «¿Lo ha comprendido?». ¿Y qué crees que le respondió el subordinado? Otra vez estás en lo cierto. Dijo con firmeza: «Sí, lo comprendo». Sólo porque alguien diga que lo comprende no significa que realmente sea así. Algunas personas piensan que comprenden lo que se les ha explicado y, por supuesto, responden que sí. Sin embargo, como su interpretación puede ser distinta a la de la persona que le da la información, no ha habido una verdadera comprensión.

Otras personas comprenden parte de lo que se les ha comunicado y asumen que lo entienden todo. Algunos incluso no comprenden nada, pero se sienten tan avergonzados de decirles a su jefe que no lo entienden, que dicen que sí e intentan averiguarlo por sí mismos. En estas situaciones no se ha logrado una verdadera comunicación y es probable que se cometan errores, haya malentendidos, se malgaste el tiempo, se pierdan los estribos y no se realice el trabajo.

¿Cómo posibilitan la comprensión de sus ideas los buenos comunicadores? He aquí algunas de las respuestas a una encuesta realizada a jefes de recursos humanos, supervisores de fábricas, encargados de tienda y otros empleados administrativos.

Betty M., la jefa de recursos humanos de una agencia de viajes de Nueva York, contestó que nunca le pregunta al trabajador si ha comprendido las instrucciones. En su lugar, le pide al subordinado que le explique lo que va a tener que hacer.

—Les hago una prueba –nos explicó Betty–. Si le pido a una secretaria que termine un proyecto, después de explicárselo, le pregunto qué es lo que va a hacer. En caso de que haya hecho una interpretación distinta de lo que tenía en mente, podemos corregirla en el momento antes de que se convierta en un problema. Si el proyecto es complejo, le hago distintas preguntas, como por ejemplo: «¿Qué harás si ocurre X? ¿Y suponiendo que se desarrolle Y?».

Una de las responsabilidades de Betty es enseñar al personal de oficina a utilizar los ordenadores para reservar, comprar y emitir billetes de avión. Comentó:

—Para estar segura de que puedo confiar en que manejan correctamente el ordenador, además de hacerles preguntas, les pido que me muestren en la pantalla cómo solucionarían varios problemas. Al hacerles trabajar realmente con el ordenador, puedo ver directamente lo que han aprendido y lo que dominan.

¿Se ha aceptado el mensaje?

Comprender aquello que se comunica es un criterio fundamental para una buena comunicación, pero hay otro factor que es igualmente importante. Lo que se comunica no sólo debe comprenderse, sino que el receptor también debe aceptarlo. El jefe le dice a un empleado que a las tres de la tarde debe haber terminado una tarea. No hay duda de que el empleado sabe exactamente lo que significa, pero se dice para sus adentros: «De ningún modo». ¿Crees que habrá terminado el encargo a las tres? Es probable que no. A menos que la persona que va a realizar el trabajo crea que es razonable y alcanzable, no hará el esfuerzo de cumplir con el plazo de entrega.

Louise R., que tiene y dirige una empresa de mantenimiento de edificios en Rock Hill, en Carolina del Sur, se encuentra con situaciones como ésta cuando solicita la participación de sus trabajadores. Normalmente hay un equipo de hombres y mujeres que participan en el proyecto. Primero los reúne y les explica lo que necesita y la razón de la presión del tiempo. Luego les pregunta cuándo creen que podrán terminarlo y si tienen alguna otra sugerencia. Con frecuencia aportan soluciones que son aún mejores que las que ha determinado únicamente el equipo directivo, pero de vez en cuando, Louise descubre en estas reuniones que es necesario dar más tiempo y una ayuda extra y que su estimación inicial de la fecha límite era demasiado optimista. Dado que sus trabajadores saben que ella fomenta su participación y los escucha, consigue que cooperen más con ella en las situaciones difíciles, cuando se requiere más esfuerzo, energía y compromiso.

Planear aquello que vamos a decir

Tanto si nos vamos a dirigir a un grupo como si vamos a tener una conversación con una sola persona, es aconsejable elaborar nuestro mensaje y determinar por adelantado cómo vamos a presentarlo.

Algunas veces tendremos que improvisar porque dispondremos de muy poco o de ningún tiempo para prepararnos, pero la mayoría de las veces, cuando tengamos que hablar sobre algo, podremos prepararnos aunque sea con poca antelación.

Conocer la materia

Por lo general en el trabajo hablaremos con los demás de materias con las que estamos completamente familiarizados: la tarea que estamos llevando a cabo, asuntos de nuestra propia área de especialización o problemas relacionados con la empresa. Aun así, deberíamos revisar los datos para asegurarnos de que comprendemos toda la información disponible y estamos preparados para responder cualquier pregunta.

De vez en cuando, se nos puede pedir información sobre asuntos con los que no estamos familiarizados. Tal vez nuestra empresa quiera comprar un nuevo tipo de programa informático, por ejemplo, y se nos pida que lo verifiquemos. En estas situaciones debemos:

- Aprender lo máximo posible sobre la materia. Saber diez veces más de lo necesario para la presentación.
- Tomar notas sobre las ventajas y los inconvenientes de la compra o solución propuesta.
- Tanto si vamos a darle este informe a una persona (nuestro jefe, por ejemplo) como a un equipo de dirección o de especialistas técnicos, tenemos que estar preparados para responder preguntas sobre cualquier tema que pueda surgir.

Comprender a la audiencia

Ni siquiera los comunicadores más hábiles conseguirán comunicar su mensaje si el público no los entiende. La mitad de una buena comunicación es comprender a nuestra audiencia. Debemos elegir las palabras que nuestros oyentes comprendan con facilidad. Si las personas a las que nos dirigimos han tenido una formación técnica, podemos utilizar la terminología técnica para comunicarnos: nuestros oyentes comprenderán estos términos con claridad y facilidad. Pero si hablamos de un asunto técnico ante un público que no está familiarizado con esta materia, debemos dejar de usar el lenguaje técnico. Si nuestros oyentes no comprenden nuestro vocabulario, nuestro mensaje se perderá.

Por ejemplo, Charles es un ingeniero cuyo trabajo consiste ante todo en negociar con otros ingenieros, por lo tanto, está acostumbrado a emplear términos técnicos todo el tiempo. Ahora consideremos que le piden que haga una presentación para el departamento de finanzas de la empresa a fin de organizar la financiación de un nuevo proyecto de ingeniería. Es responsabilidad de Charles, y no del público, asegurarse de que se comunica bien el mensaje. Si puede explicar el asunto técnico utilizando términos para inexpertos, debería hacerlo. Sin embargo, si es necesario utilizar lenguaje técnico, Charles debe emplear tiempo en explicar un término la primera vez que lo emplea y como mínimo una vez más si siente que es necesario que se consolide.

Aquellos que están convencidos en contra de su voluntad
todavía sostienen la misma opinión.

Dale Carnegie

Hablar con claridad

Todos hemos oído a hablantes que balbucean, hablan demasiado rápido o demasiado lento o tienen acentos difíciles de comprender.

Si uno no articula bien, los oyentes se perderán buena parte del mensaje que está tratando de comunicar. Una mala articulación es relativamente fácil de mejorar. En el capítulo 4 hablaremos de algunas maneras para lograrlo.

Lenguaje corporal

Algunos de los comportamientos que mostramos sin darnos cuenta pueden tener un gran impacto en la impresión que damos a los demás. Los estudios llevados a cabo por sociolingüistas de la comunicación cara a cara determinaron que sólo el 7 por 100 del mensaje que se trasfiere de una persona a otra se expresaba mediante las palabras dichas. Alrededor de un 38 por 100 de los mensajes se transmitía por medio de características vocales –el tono de voz, las pausas, el énfasis, etc.– y un sorprendente 55 por 100 del mensaje total se comunicaba a través de los signos visuales que clasificamos como «lenguaje corporal». Por lo general no somos conscientes de cómo afecta a la manera en que los demás nos perciben.

Postura

Una postura buena (o mala) se ve desde lejos y se registra instantáneamente en el cerebro emocional del espectador. Es menos sutil que otras señales no verbales porque está involucrado todo nuestro cuerpo.

En un proyecto de investigación, los participantes asumieron que los sujetos con una postura excelente eran más populares, ambiciosos, confiados, amigables e inteligentes que los que tenían una postura más relajada. Cabe tener en cuenta que mejorar nuestra postura puede parecernos incómodo y exagerado al principio. Debemos trabajar para mantener el torso derecho, los hombros rectos y el cuerpo equilibrado. De todas las expresiones faciales, la sonrisa es la más influyente. Sonreír puede hacer que los demás sean más receptivos a nuestro punto de vista. Cuando sonreímos la otra persona casi siempre nos devuelve la sonrisa. Más que tratarse simplemente de un reflejo, expresa un aumento repentino de afecto y bienestar generado por nuestra sonrisa. Una sonrisa simulada es más perjudicial que no sonreír. No hay que tratar de sonreír afectuosamente sólo con los músculos de la mandíbula. Una sonrisa creíble emplea todo el rostro y ocurre cuando, espontáneamente, procesamos un pensamiento positivo sobre el intercambio que estamos teniendo.

Cuando sonreímos a los demás, les estamos diciendo de manera sutil que nos agradan, por lo menos hasta cierto punto. Comprenderán este significado y les gustaremos más. Intenta instaurar el hábito de sonreír. No tienes nada que perder.

Dale Carnegie

Contacto ocular

Mirar a nuestro oyente implica confianza, sinceridad e interés por esa persona. La falta de contacto ocular por lo general se interpreta como signo de miedo, deshonestidad, hostilidad o aburrimiento.

La investigación muestra que, en las entrevistas de trabajo, los candidatos proporcionan respuestas más completas y significativas cuando el entrevistador mantiene el contacto ocular. En las aulas, la comprensión de los estudiantes y la retención de las materias están directamente relacionadas con el contacto ocular del profesor. Por otro lado, no hay que mirar fijamente a los ojos de la otra persona, sino mirar todo su rostro.

En el capítulo 3 hablaremos de cómo entender el lenguaje corporal de nuestros oyentes.

Televisar los mensajes

Recibimos información de los cinco sentidos. Las ideas y las impresiones se desarrollan desde el olfato, el gusto y el tacto, pero la mayor parte de los datos que procesa nuestra mente provienen del oído y la vista: el audio y el vídeo. Esta situación ha cambiado significativamente en la actual era de la televisión. La televisión ha unido el audio y el vídeo de manera que aquellos que nos hemos criado mirando este medio, desde *Barrio Sésamo* hasta los telediarios de hoy, estamos acostumbrados a recibir información simultáneamente a través de nuestros ojos y oídos. Si aplicamos esta «emisión simultánea» a nuestra comunicación con los demás, trasmitiremos nuestros mensajes con más eficacia.

No basta con explicar; hay que mostrar

A la hora de formar a sus trabajadores para abordar las reclamaciones de daños, Joan descubrió que si dibujaba un diagrama de flujo mientras describía el proceso, éste se comprendía con mucha más facilidad. A medida que enseñaba cada fase, la esquematizaba dibujando recuadros para cada paso y flechas que mostraban el movimiento de un paso al siguiente.

Steve descubrió, a raíz de una experiencia penosa, que no bastaba con decirles a sus trabajadores cómo debían hacer las tareas. A menos que llevara a sus aprendices de un lado a otro del almacén, éstos tenían dificultades para comprender lo que les estaba enseñando, pero se trataba de un esfuerzo que consumía mucho tiempo. Simplificó este proceso con el diseño de una maqueta del almacén con la que poder orientar a sus empleados a medida que les explicaba el trabajo que realizarían.

Muchos ejecutivos tienen rotafolios o pizarras en sus oficinas para poder utilizar medios visuales a fin de optimizar sus comunicados verbales. Con la ilustración de las materias que se tratan mediante tablas, gráficos, diagramas o esquemas, aquello que se presenta resulta mucho más efectivo. Cuando complementamos la explicación de un tema con imágenes visuales, las personas tienden a aprenderlo más rápidamente y a recordarlo durante más tiempo.

Uno de los profesores más populares de la Facultad de Periodismo de la Universidad de Siracusa era, además, dibujante. Hacía dibujos y caricaturas mientras daba sus clases. Sus compañeros de trabajo se burlaban de él porque consideraban que era muy poco profesional. «Sólo está haciendo que sus clases sean divertidas, no está enseñando», protestaban.

Sí, es cierto que sus estudiantes creían que era divertido, pero también asimilaron una cantidad mucho mayor de información que si hubieran atendido a una simple clase, y unos años más tarde todavía podían recordar sus enseñanzas.

En el capítulo 5 hablaremos de cómo utilizar los recursos visuales con eficacia.

Tu objetivo es hacer que tus oyentes vean lo que tú viste, oigan lo que tú oíste, sientan lo que tú sentiste. Los detalles relevantes, redactados con un lenguaje concreto y atractivo, es la mejor manera de recrear el suceso tal y como ocurrió y de describírselo a los oyentes.

Dale Carnegie

Crear imágenes visuales mientras hablamos por teléfono

El único medio en el que todavía no podemos utilizar argumentos visuales es el teléfono. Sin embargo, podemos ayudar a nuestros oyentes a que «vean» lo que estamos diciendo por medio de descripciones visuales. Una descripción visual permite que el oyente pueda dibujarse en la mente lo que decimos.
Imaginemos que alguien nos pide que le demos indicaciones para llegar a nuestra empresa. Decimos:

—Coja la autopista I-95 hasta la salida 23, que es la calle Mulberry. Gire a la derecha y siga hasta el cuarto semáforo, que es la 17.ª avenida. Gire a la izquierda en esa calle y siga doce manzanas hasta la calle Smith. Gire allí a la derecha y continúe cinco manzanas. Estamos en el número 2345 de la calle Smith.

El mensaje está claro. Sin embargo, ahora vamos a dar estas instrucciones utilizando descripciones visuales:

—Coja la autopista I-95 hasta la salida 23, que es la calle Mulberry. Gire a la derecha y siga hasta el cuarto semáforo. Verá una gasolinera Texaco a su izquierda y un McDonald's a su derecha. Es la 17.ª avenida. Gire a la izquierda por esa calle. Siga hasta el parque de bomberos, que está en la calle Smith. Allí gire a la derecha y siga hasta el edificio de ladrillos amarillo que quedará a su izquierda. Es nuestra oficina, el número 2345 de la calle Smith.

¿Acaso no es más fácil? El visitante no tiene que contar semáforos o manzanas o fijarse en los nombres de las calles. Basta con que trate de localizar edificios que se le han descrito visualmente.

Televisar el futuro

Los buenos vendedores utilizan descripciones visuales. Audrey vende ordenadores. Cuando uno de sus posibles clientes le explicó los problemas a los que hacía frente, descubrió que estaba principalmente preocupado por el desorden de la oficina que supervisaba.

—Hay papeles y fichas por todas partes –se quejó–. Nunca puedo encontrar los documentos que necesito; siempre están fuera, probablemente en alguno de estos montones.

Después de describirle las características técnicas del producto que vendía, Audrey le dijo:

—Echemos un vistazo a la situación dentro de seis meses. Usted entra en la oficina. No hay montones de papeles sobre las mesas y las sillas. Sus trabajadores están trabajando en sus ordenadores; usted necesita un archivo. Se sienta delante de un ordenador y teclea el nombre del archivo. Instantáneamente aparece la información que desea en su pantalla. Sin espera, sin frustración.

Audrey ha elaborado una descripción visual del futuro. El empresario no necesita tener mucha imaginación para visualizarlo y reconocer el beneficio de esta compra.

Los obstáculos de una comunicación clara

Independientemente de lo bien que hayamos preparado y presentado nuestros mensajes, con frecuencia lo que se recibe no es exactamente lo que hemos enviado. Han surgido obstáculos que han impedido la comunicación.

Algunos de los obstáculos más importantes son psicológicos, no físicos. Tal vez hayamos articulado perfectamente las palabras y las hayamos escogido sabiamente, pero la interferencia se produce en áreas intangibles: en las suposiciones, las actitudes y el bagaje emocional que tenemos cada uno de nosotros.

Revisar las suposiciones

Disponemos de una idea bastante buena sobre las causas de un determinado problema y de sus soluciones. Al discutirlo con los demás, damos por supuesto que saben tanto sobre el tema como nosotros, de modo que hablamos basándonos en la asunción de que tienen una experiencia que en realidad no tienen. Como resultado, no les proporcionamos la información adecuada.

¿Somos conscientes de nuestra actitud?

Otros obstáculos de la comunicación son las actitudes del emisor y el receptor. Un empresario arrogante trasmitirá arrogancia en su manera de dirigir y de dar información. Tal vez parezca que habla en tono condescendiente a sus empleados. Esta actitud causa resentimiento, lo que obstaculiza la comunicación. A fin de que se reciba el mensaje, el receptor no sólo debe comprenderlo sino también aceptarlo. Cuando hay resentimiento es poco probable que se acepte el mensaje.

Un trabajador que está molesto por la actitud del líder realmente no está «escuchando» lo que le dice. Los buenos líderes evitan los signos de arrogancia como el sarcasmo o el «abuso de poder» cuando tratan con sus empleados.

Estar atentos a las ideas preconcebidas

Las personas tienden a escuchar lo que esperan oír. El mensaje que reciben está distorsionado por la información que han escuchado antes sobre el tema. De este modo, si la información nueva es distinta de la que esperaban, pueden desestimarla por creer que es incorrecta. En vez de escuchar realmente el nuevo mensaje, pueden estar escuchando lo que les están diciendo sus mentes.

¿Qué significa esto? Las personas deben aprender a tener la mente abierta. Cuando alguien les dice algo, deben hacer un sobreesfuerzo para escuchar y evaluar la nueva información de manera objetiva en lugar de bloquearla porque difiera de sus concepciones previas.

Cuando nos comunicamos con los demás debemos intentar averiguar cuáles son sus ideas preconcebidas. Si son personas con las que trabajamos normalmente, es probable que sepamos cómo ven muchos de los asuntos de los que tratamos. Cuando expresamos nuestros puntos de vista, debemos tener en cuenta sus creencias previas. Si éstas difieren de las nuestras, cabe estar preparados para hacer el esfuerzo de saltar por encima de estos obstáculos.

Prejuicios y sesgos: los propios y los ajenos

Nuestras preconcepciones positivas o negativas de una persona influyen en la manera en la que recibimos sus mensajes. Prestamos más atención y es más probable que aceptemos ideas de alguien que nos agrada y a quien respetamos. Al contrario, tendemos a excluir y a rechazar las ideas y aportaciones de personas que no nos gustan.

La percepción se convierte en realidad en la mente del que percibe. A menos que nuestra percepción de una situación y la de aquéllos con quienes nos estamos comunicando sea congruente, estaremos motivados por intereses opuestos.

Los sesgos también afectan a la manera de recibir el tema. Las personas hacen oídos sordos a las perspectivas opuestas que tratan de temas por los que tienen sentimientos intensos. Carol es un buen ejemplo de una persona así. Como contable de su empresa, está obsesionada por reducir los costes. No escucha ninguna opción que implique su aumento, independientemente de cuáles puedan ser los beneficios a largo plazo. A fin de venderle una idea original, tenemos que convencerla de que, aunque haya un aumento inmediato de los costes, será rentable a largo plazo.

Muchas personas ni siquiera son conscientes de sus propios sesgos. Es aconsejable que el lector se tome un tiempo para analizar el porqué de sus decisiones en el pasado. ¿Han estado demasiado influidas por sus ideas preconcebidas?

Puede seguir los siguientes seis pasos:

1. Ser consciente de los propios prejuicios.
2. Descubrir por qué se tienen estas ideas preconcebidas.
3. Identificar características compartidas.
4. Dejar a un lado los prejuicios y mantener la mente abierta.
5. Esforzarse para considerar las ideas de los demás de manera objetiva.
6. No permitir que una experiencia negativa avive los propios sesgos.

Ser conscientes de nuestro estado emocional

Todos hemos tenido días malos. En uno de estos días, uno de nuestros socios se acerca a nosotros entusiasmado con una nueva idea. ¿Cómo reaccionamos? Probablemente, pensamos: «Ahora ya estoy suficiente atareado, ¿quién necesita esto?». Nuestra mente está cerrada y no recibimos el mensaje.

No sólo debemos ser conscientes de nuestro propio estado emocional cuando damos o recibimos un comunicado, sino que también debemos tener en cuenta el estado emocional de nuestro subordinado. Surge un proyecto importante y recurrimos a dos de nuestros empleados, Dan y Joan, a fin de debatirlo. Joan se muestra entusiasta con la tarea; Dan se muestra escéptico. ¿Por qué? Dan está irritado porque está ocupado con otro proyecto y quiere concentrarse en él. Siente que es poco considerado asignarle esta tarea.

Siempre debemos comprobar la temperatura del agua antes de meternos en la bañera. Una breve conversación con Dan y Joan sobre sus actividades actuales nos hubiera revelado el tiempo que estaba dedicando Dan a su actual proyecto. Cuando presentamos la nueva tarea, debemos hacer notar que lo que está haciendo ahora es importante y que estamos contentos con su progreso. Debemos mostrarle que el motivo por el que lo hemos elegido para la nueva tarea es porque no interferirá con su proyecto actual, sino que lo complementará.

Canales: la distorsión entre el emisor y el receptor

En la comunicación, una de las principales fuentes de interferencia y distorsión es el camino que recorre el mensaje entre el emisor y el receptor. En muchas grandes empresas, las comunicaciones deben fluir a través de un conjunto de canales. Cuanto más extensos sean, más probable es que haya distorsiones. Esta situación queda ilustrada en el popular juego en el que una persona susurra un mensaje a la persona que tiene al lado, la cual se lo repite a la siguiente y así sucesivamente hasta la última persona. Cuando el mensaje llega de nuevo al creador, la historia es completamente distinta.

Es un hecho habitual que la información que pasa verbalmente «por canales» sea distorsionada en cada parada, de manera que lo que recibe el receptor no es lo que ha enviado el emisor.

Una manera de mitigar esta dificultad es utilizar comunicados escritos. La escritura es más difícil de distorsionar, aunque la interpretación de lo que está escrito puede variar de una persona a otra. Aun así, escribir tiene ciertas desventajas: muchos asuntos no pueden o no deberían comunicarse por escrito. Escribir lleva más tiempo. En el caso de que el asunto corra prisa o sea de un interés transitorio, escribir no resulta apropiado.

Una manera más efectiva es acortar los canales y permitir circunvalaciones donde sea factible. Cuantas menos paradas haya en el camino, menos posibilidades habrá para la distorsión. El principal motivo de la existencia de canales de comunicación es garantizar que los responsables de un proyecto estén al tanto de todo lo que se refiere a éste. Tiene sentido, pero a menudo esto es exagerado. Si un asunto implica decisiones políticas o importantes áreas de actividad, los canales son importantes. Pero una gran parte de las comunicaciones de las empresas tratan de asuntos rutinarios. Utilizar canales en estos casos no sólo puede distorsionar el mensaje, sino también ralentizar el trabajo.

Estar abiertos a la retroalimentación

Quizás el aspecto más desafiante en la gestión de nuestra imagen externa es la dificultad que supone vernos como nos ven los demás.

La investigación indica que seguramente somos más críticos con nosotros que los demás. Al mismo tiempo, podemos ignorar algunos de nuestros comportamientos negativos que deben corregirse.

Algunas formas para lograr tener una visión adecuada de nuestra imagen externa son:

- Ver y escuchar cintas de vídeo de nosotros hablando en reuniones.
- Ensayar nuestras charlas frente a un espejo.
- Pedir la opinión honesta de compañeros de confianza.
- Observar detenidamente las reacciones de la audiencia.

Es aconsejable tener un «entrenador» que nos ayude a identificar nuestros problemas comunicativos y que trabaje con nosotros para superarlos. En este campo, la mayoría de comunidades ofrecen ayuda con entrenadores del habla o seminarios prácticos, como el programa de Dale Carnegie Presentaciones de Alto Impacto.

Asignar tareas

Una de las funciones comunicativas más importantes de un director o supervisor es asignar tareas a sus trabajadores. Muchas veces oímos la siguiente queja:

—No entiendo por qué mis empleados no pueden cumplir órdenes. Les doy claras instrucciones y aun así lo hacen todo mal.

¿Cuántas veces hemos hecho comentarios de este tipo o hemos oído a otros supervisores lamentarse de la incapacidad de su equipo para realizar el trabajo correctamente? Quizás el problema no es que nuestros empleados sean ineptos, sino que no estamos asignando las tareas como deberíamos.

Planear la asignación

Como se ha señalado al inicio de este capítulo, nuestro mensaje debe estar planificado. En demasiadas ocasiones los supervisores no se toman el tiempo suficiente para preparar las asignaciones. Saben lo que hay que hacer y asumen que lo único que necesitan es mandar a un subordinado que lo haga para que la tarea se realice bien.

La planificación comienza con tener un claro concepto de lo que debe realizarse. Incluso aunque hayamos hecho este tipo de tarea en numerosas ocasiones, es importante repasarla una vez más. Debemos pensar cómo lo ve el subordinado. Si no hubiéramos visto este proyecto anteriormente, ¿qué querríamos saber? Podemos hacer una lista de los objetivos que deseamos conseguir, de la información que queremos, de los materiales, las herramientas, las fuentes de ayuda y de cualquier otra cosa que se necesite para realizar la tarea.

Una parte muy importante de la planificación es determinar a quién se la vamos a asignar. A la hora de seleccionar a estas personas, debemos tener presente la importancia de la tarea. Si se trata de una tarea que deba completarse rápidamente y con poca supervisión, debemos escoger personas que hayan demostrado tener la capacidad de realizar este tipo de tareas. Sin embargo, si se trata de un área en el que tenemos el tiempo suficiente para proporcionar orientación, tal vez sea más aconsejable asignarla a personas menos cualificadas y usar este proyecto como medio de formación y desarrollo de las habilidades de nuestros empleados.

Comunicar la tarea

Barbara estaba frustrada. Le había descrito a Carol detalladamente lo que quería que hiciera y ella le había asegurado que lo había comprendido. Ahora, una semana después, Carol le había entregado un trabajo totalmente erróneo.

—Pensé que era esto lo que querías –se disculpó.

Norman estaba molesto. Su jefe le acababa de dar un plazo de entrega que creía que no era nada realista.

–«Está fuera de lugar –pensó Norman–. Es imposible que pueda hacer tanto trabajo en tan poco tiempo. Haré lo que pueda, pero sé que no voy a conseguirlo». Como se ha señalado antes en este capítulo, el supervisor debe asegurarse de que el subordinado comprende y acepta por completo la instrucción.

Idear un plan de acción

En las tareas que suponen un período importante de tiempo, debemos pedirle al subordinado que se prepare un plan de acción antes de empezar. Este plan debería incluir aquello que se debe realizar, cuándo está previsto terminarlo y qué recursos puede necesitar.

La tarea de Rita era organizar el plan de viaje de veinte vendedores de todo el país para asistir a una conferencia en Chicago. Antes de empezar, escribió un plan de acción en el que incluyó todos los aspectos de la tarea, que comprendía avisar a los vendedores, reservar los billetes de avión y el hotel y asegurarse de que todos los asistentes recibían su billete con suficiente antelación. El plan incluía el horario del inicio y la finalización de cada fase e indicaciones de la ayuda que necesitaría en cada una de ellas. Cuando repasó el plan con su jefe, fue capaz de resolver todos los malentendidos o posibles problemas antes de empezar.

Dado que Rita escribió su plan de acción, tanto ella como su jefe pudieron revisarlo en cualquier momento a fin de ver cómo se estaba llevando a cabo el plan y detectar rápidamente cualquier problema que pudiera surgir.

Seguimiento

Por muy bien planeada que pueda estar nuestra tarea, es responsabilidad del supervisor hacer un seguimiento de vez en cuando y asegurarse de que se está llevando a cabo según lo acordado.

Alan cree que si hace un seguimiento con demasiada frecuencia sus trabajadores sentirán que no confía en ellos.

—Quiero que mis empleados sean verdaderos participantes. En cuanto muestre mi conformidad con su plan de acción, debo asumir que se ceñirán a él. Si los controlo, estaré anulando lo que trato de proyectar.

Alan tiene razón, pero aun así él es el responsable último de que su departamento logre los resultados esperados, y si las tareas no se terminan adecuadamente, repercutirá en su aptitud. A fin de asegurarse de que se cumplen las tareas, es necesario hacer un seguimiento. Sin embargo, puede realizarlo sin que sus trabajadores sientan que no confía en ellos.

El punto clave de la filosofía de gestión de Alan es la participación. Por consiguiente, el seguimiento debería realizarse de manera que implique participación. En lugar de mirar por encima de los hombros de sus empleados o de revisar inesperadamente lo que están haciendo, Alan debería incluir los seguimientos como parte del plan de acción. Cuando el subordinado idea el plan, debería incorporar controles a lo largo del proyecto. Así, una vez terminadas varias fases, el subordinado puede reunirse con Alan para revisar lo realizado hasta el momento. Es aconsejable fomentarle al trabajador la posibilidad de juzgar el trabajo y, tal vez, de proponer algunos asuntos nuevos o adicionales para poder incorporar en la tarea. Por supuesto, Alan también hará los comentarios y las sugerencias oportunas.

De esta manera, el seguimiento se convierte en parte del enfoque participativo y estimula al subordinado para lograr un éxito mayor en la realización de la desafiante tarea.

Cultivar diplomacia y tacto

Nuestra manera de comunicarnos puede provocar emociones positivas o negativas. Si nos comunicamos con un tono agresivo, sin respeto o sensibilidad, las emociones defensivas y hostiles tal vez impidan que los demás oigan el mensaje que estamos tratando de trasmitir. La comunicación con diplomacia y tacto es una propuesta que combina fuerza y sensibilidad y mantiene las emociones bajo control. Cuando nos comunicamos así, adaptamos nuestro estilo a la persona con la que estamos hablando a fin de permitir que se sienta a gusto.

La mayoría de personas tienden a seguir un estilo comunicativo particular. La investigación sobre los estilos de comunicación normalmente sitúa a las personas en cuatro categorías distintas:

- Estilo amistoso: estas personas son informales, amables, están centradas en la relación, son serviciales y cálidas. No les gusta discutir y buscan una retroalimentación positiva.
- Estilo analítico: estas personas son formales, metódicas y sistemáticas. Se impresionan con la información y los detalles. Observan detenidamente las pruebas y las utilizan para buscar respuestas y soluciones a los problemas que tratan.
- Estilo enérgico: estos hombres y mujeres son efusivos y expresivos. Son propensos a gesticular cuando hablan. Están más preocupados por la imagen global que por los detalles. Su principal preocupación es qué pueden sacar ellos en limpio.
- Estilo pragmático: estas personas están orientadas y centradas en los objetivos que quieren conseguir. A pesar de que tienen opiniones y puntos de vista firmes, están dispuestas a considerar otras opciones que se les puedan presentar.

Los comunicadores diplomáticos y con tacto:

- Establecen una compenetración basándose en el estilo comunicativo de la otra persona.
- Dedican tiempo a aquello que le resulta cómodo al individuo.
- Usan un lenguaje y un ritmo apropiados al estilo de la persona con la que están interactuando.
- Son conscientes del tiempo en función del estilo comunicativo de la otra persona.

Ganarnos la confianza de nuestros trabajadores

Para ser buenos comunicadores debemos ganarnos la confianza y el respeto de las personas con las que nos relacionamos. A fin de lograrlo debemos:

1. Tomarnos en serio los intereses de los demás; hacerles preguntas, descubrir qué los motiva y ayudarlos a aprender y madurar.
2. Escuchar sinceramente con los oídos, los ojos y el corazón y sin prejuicios ni censuras.
3. Honrar y valorar las diferencias de opiniones, los sesgos y la diversidad.
4. Involucrar a los demás en las decisiones, mostrar una actitud abierta y tolerante y ser receptivos a las nuevas ideas.
5. Estar dispuestos a negociar y a comprometernos, y ser mediadores de los que tienen puntos de vista diferentes.
6. Pensar antes de hablar. Tener en cuenta a la audiencia, la relación y el entorno antes de escoger nuestras palabras y acciones.
7. Utilizar un lenguaje inclusivo, y comunicarnos con diplomacia, tacto y sensibilidad.
8. Hablar con confianza, decisión y autoridad, y mostrar las evidencias cuando damos opiniones.
9. Defender nuestras creencias y valores importantes no negociables.
10. Ser expertos modestos y estar dispuestos a diferir de otros expertos.
11. Dar confianza, saber guardar secretos, cumplir promesas y mantener los compromisos.
12. Evitar los cambios de humor. Actuar con consistencia, racionalidad, justicia, honestidad y ética.
13. Ser un modelo de conducta, actuar con profesionalidad y siempre predicar con el ejemplo.
14. Demostrar confianza en los demás y revelar los propios pensamientos y sentimientos abiertamente y con franqueza.
15. Ser auténticos: demostrar congruencia entre nuestras palabras y nuestras acciones.

16. Estar accesibles y disponibles.
17. Ser realistas cuando comunicamos objetivos y resultados.
18. Asumir la responsabilidad y admitir nuestros errores, fracasos y desventajas.
19. Tratar directamente con los demás. No participar en los cotilleos y no hablar nunca a las espaldas de los otros.
20. Compartir la alegría: premiar a los demás por sus logros.

Lo más importante

- Tanto si vamos a presentar nuestras ideas a un grupo como a una sola persona, es aconsejable que nos preparemos con antelación lo que vamos a decir.
- Hablar con claridad para que se nos comprenda más fácilmente. Hablar con entusiasmo para que la audiencia no se duerma.
- Ser conscientes de nuestro lenguaje corporal.
- Estar preparados para superar los obstáculos que tergiversan nuestra comunicación.
- Identificar y controlar nuestros sesgos.
- Al asignar tareas, planear lo que diremos, comunicarlo con claridad a los trabajadores, obtener la confirmación de que se ha recibido lo que hemos dicho y hacer un seguimiento para asegurarnos de que se cumple.
- Asegurarnos de que aquello que comunicamos no sólo se comprende sino que también se acepta.
- Tener tacto y diplomacia en todas nuestras relaciones con los demás.

Capítulo 2

El arte de una buena conversación

La capacidad de tomar parte en una conversación interesante es una de las mayores ventajas personales que un hombre o mujer puede tener. Es de gran ayuda para triunfar en los negocios y en las relaciones sociales y también conlleva un mayor goce de la compañía de otras personas.

Nada nos permite dar una mejor impresión, especialmente a aquellos que no nos conocen mucho, que la capacidad de saber conversar bien. Ser buenos conversadores, capaces de interesar a las personas, de captar su atención y de atraerlas de manera natural por la superioridad de nuestra capacidad de conversar, es ser los posesores de un gran talento. No sólo contribuye a dar una buena impresión ante personas desconocidas, sino que también nos ayuda a hacer amistades y a mantenerlas. Abre puertas y ablanda corazones. Nos convierte en personas interesantes con cualquier tipo de compañía. Nos ayuda a progresar en el mundo. Nos envía clientes, pacientes o visitantes. Es la herramienta que nos permitirá persuadir a las personas para que acepten nuestras ideas, sigan nuestro liderazgo y compren nuestros productos.

Las personas que saben hablar bien, que tienen el arte de decir las cosas de manera atractiva y que son capaces de interesar a los demás inmediatamente con su poder de la palabra, tienen una gran ventaja respecto a aquellos que pueden saber más sobre un tema pero que no pueden expresarse con facilidad y elocuencia.

Hay cuatro maneras, sólo cuatro maneras, de relacionarnos con el mundo. Nos valoramos y clasificamos a partir de ellas cuatro: qué hacemos, qué aspecto tenemos, qué decimos y cómo lo decimos.

Dale Carnegie

La conversación es una enorme fuente de poder. Sin embargo, nos perjudicará hablar sin pensar y sin esforzarnos por expresarnos con claridad y concisión. La mera charla o los chismes no son aconsejables, pues por ser superficiales no llegan muy hondo. Nada revela con tanta prontitud nuestra finura o grosería, nuestra clase o nuestra falta de ella, como nuestra conversación. Refleja cómo somos y qué hemos vivido. Lo que decimos y cómo lo decimos delatará nuestros secretos, dará al mundo una idea de nuestra verdadera valía.

¿Qué hace a un buen conversador?

El intelecto, la capacidad intelectual y la habilidad en un campo pueden ser útiles, pero no es la principal explicación de por qué un buen conversador atrae la atención de los demás.

Debemos hacer que las personas sientan nuestra empatía, sientan que han conocido a una persona sincera. No es aconsejable saludar a las personas con un frío «¿qué tal?» o «encantado de conocerte» sin ningún sentimiento en estas palabras. Hay que ser sociables y adaptarse a las distintas maneras de ser. Debemos mirar a las personas que conocemos directamente a los ojos y hacer que sientan nuestra personalidad. Ofrecerles una sonrisa y una palabra amable hará que estén encantadas de vernos de nuevo.

Ser cordiales

Si queremos ser buenos conversadores debemos cultivar la cordialidad. Debemos abrir la puerta de nuestro corazón de par en par y no, como muchos hacen, dejarla simplemente entreabierta para decirle a las personas que conocemos:

—Puedes asomarte un poco, pero no puedes entrar hasta que no sepa si vas a ser un conocido deseable.

Un gran número de personas son poco dadas a la cordialidad. Parecen reservársela para una ocasión especial o para los amigos más íntimos. Creen que es demasiado preciada para compartirla con todos.

No debemos temer abrir nuestro corazón, abrir sus puertas de par en par. Es aconsejable deshacernos de todas nuestras reservas, no recibir a las personas como si temiéramos cometer algún error y hacer aquello que nos gustaría recordar.

Este caluroso y afectuoso apretón de manos y saludo cordial creará un vínculo de buena voluntad entre nosotros y las personas que conocemos. Se dirán para sus adentros: «Tiene una personalidad interesante. Quiero saber más de este hombre o mujer. Ven algo en mí que, obviamente, la mayoría de personas no ve».

Cultivar el hábito de ser cordiales, de recibir a las personas de manera calurosa y sincera, con el corazón abierto, hará maravillas para nosotros. Veremos desaparecer la frialdad, la inseguridad, la indiferencia y la frívola falta de interés por todos que tanto nos perjudica ahora. Las personas verán que realmente nos interesamos por ellas, las queremos conocer, complacer e interesar. La práctica de la cordialidad revolucionará nuestras habilidades sociales. Desarrollaremos unas cualidades que jamás soñamos que tendríamos.

No es sólo lo que decimos, sino cómo lo decimos

Debemos tener en cuenta que no sólo nos expresamos a través de las palabras que pronunciamos, sino también con nuestro tono de voz, la expresión de nuestro rostro, nuestros gestos y nuestra apariencia.

Cuando Charles W. Eliot era presidente de Harvard, dijo:

—Sólo reconozco una adquisición mental como parte esencial de la educación de una dama o un caballero, y se trata del uso apropiado y refinado de su lengua materna.

No hay ningún logro ni consecución que podamos usar con tanta frecuencia y eficacia y que nos ayude a hacer y mantener amistades como una buena conversación. No cabe duda de que el don del lenguaje estaba destinado a ser un logro mucho más importante de lo que la mayoría hemos hecho de él.

Cultivar habilidades conversacionales

La mayoría de nosotros estropeamos la conversación porque no hacemos arte de ella; no nos tomamos la molestia de aprender a hablar bien. No leemos ni pensamos lo suficiente. La mayoría nos expresamos con un lenguaje descuidado porque es mucho más fácil que pensar antes de hablar y que hacer el esfuerzo de expresarnos con elegancia, facilidad y habilidad.

Los malos conversadores se excusan por no intentar mejorar diciendo que «los buenos habladores nacen, no se hacen». También podríamos decir lo mismo de los buenos abogados, los buenos médicos o los buenos comerciantes. Ninguno de ellos jamás habría llegado muy lejos sin dedicación. Éste es el precio de cualquier logro que sea valioso.

Muchas personas deben su prosperidad, en gran medida, a su capacidad de conversar bien. La capacidad de interesar a las personas en una conversación y de mantener su atención es un gran talento.

Las personas que tienen una expresión torpe, que saben algo pero que nunca lo pueden expresar con un lenguaje lógico, interesante o dominante, siempre tendrán una gran desventaja.

Es un gran lujo poder escuchar a las personas que han cultivado el arte de conversar. Su lenguaje fluye con una belleza líquida y límpida, sus palabras son escogidas con una exquisita delicadeza, gusto y precisión, y su lenguaje es tan refinado que pueden cautivar a cualquier persona que las oiga hablar.

Tal vez pensemos que somos pobres y que no tenemos una oportunidad en la vida. Quizás estemos en una posición en la que los demás dependen de nosotros, o puede que no seamos capaces de ir a la escuela o a la universidad, o de estudiar música o arte, como anhelamos. Tal vez estemos sujetos a un entorno deprimente o estemos atormentados por una ambición insatisfecha y decepcionada. Nada de esto debería impedirnos convertirnos en habladores interesantes, porque con cada frase que pronunciamos podemos practicar la mejor forma de expresión. Cada libro que leemos, cada persona con la que conversamos y que utiliza un buen discurso, puede ayudarnos.

Pocas personas piensan detenidamente cómo van a expresarse. Utilizan las primeras palabras que se les ocurren. No piensan en construir una frase para que tenga belleza, brevedad, trasparencia y talento. Las palabras fluyen de sus labios atropelladamente, con poca reflexión, disposición u orden.

Una buena lectura, sin embargo, no sólo ampliará la mente y aportará nuevas ideas, sino que además aumentará nuestro vocabulario, una gran ayuda para conversar. Muchas personas tienen buenos pensamientos e ideas, pero no pueden expresarse debido a la pobreza de su vocabulario. No tienen palabras suficientes para adornar sus ideas y hacerlas atractivas. Hablan con circunloquios y se repiten constantemente, pues cuando buscan una palabra particular para trasmitir exactamente lo que quieren decir, no la encuentran.

Si deseamos hablar bien, debemos asociarnos con personas educadas y cultas. Si nos aislamos, aunque seamos graduados universitarios, seremos unos malos conversadores.

Todos nos compadecemos de las personas, especialmente de las que son tímidas y vergonzosas, que tienen esa terrible sensación de represión y asfixia del pensamiento cuando hacen un esfuerzo por decir algo y no pueden. Los jóvenes tímidos suelen sufrir profundamente en los intentos de expresar sus pensamientos en el instituto o la universidad. Pero incluso los mejores oradores han pasado por la misma experiencia la primera vez que intentaron hablar en público y se sintieron profundamente humillados por sus torpezas y errores. Sin embargo, no hay otra manera de convertirse en un buen conversador que intentar constantemente expresarse con eficacia y elegancia.

Si nuestras ideas huyen de nosotros cuando tratamos de expresarlas, si tartamudeamos y confundimos las palabras que no podemos encontrar, podemos estar seguros de que cualquier verdadero esfuerzo que hagamos, incluso aunque fracasemos en el intento, lo hará todo más fácil para que podamos hablar bien la próxima vez. Si seguimos intentándolo, es admirable lo rápido que superaremos nuestra torpeza y timidez y nuestra expresión ganará estilo y facilidad.

Todos los buenos conversadores han sentido que se acercaba a ellos un poder procedente del oyente que jamás habían sentido, y que por lo general los estimula e inspira a esforzarse de nuevo. La confrontación de ideas, el contacto entre mentes, desarrolla nuevas capacidades, igual que la mezcla de dos sustancias químicas normalmente produce una nueva sustancia.

Uno puede conseguir más amigos en dos meses interesándose por los demás que en dos años intentando conseguir que los demás se interesen en él.

Dale Carnegie

Estar verdaderamente interesados en los demás

Muchos de nosotros no sólo somos malos habladores, sino que además no sabemos escuchar. Estamos demasiado impacientes para escuchar. En lugar de estar atentos y deseosos de empaparnos en la historia o la noticia que nos explican, no tenemos suficiente respeto por el que habla. Miramos a nuestro alrededor con impaciencia, tamborileamos con nuestros dedos sobre una silla o una mesa, nos movemos como si estuviéramos aburridos y ansiosos por irnos e interrumpimos a quienes hablan antes de que hayan terminado. De hecho, somos personas tan impacientes que no tenemos tiempo para nada excepto para seguir adelante y abrirnos paso a codazos entre la multitud a fin de conseguir la posición o el dinero que deseamos.

La impaciencia es una característica destacada de muchos de nosotros. Nos aburre todo lo que no suponga más negocios, más dinero o no nos ayude a alcanzar la posición por la que luchamos.

En lugar de disfrutar de nuestros amigos, tendemos a considerarlos como los numerosos peldaños de una escalera y a valorarlos en la medida en que nos mandan pacientes, clientes o visitantes o nos muestran su capacidad para dar un impulso a nuestra carrera política.

Una causa de nuestra decadencia conversacional es la falta de empatía. Somos demasiado egoístas, estamos demasiado atareados con nuestro propio bienestar, demasiado envueltos en nuestro pequeño mundo y demasiado dedicados a nuestra propia promoción como para estar interesados en los demás. Nadie puede ser un buen conversador si no es empático. A fin de saber escuchar o de ser buenos habladores, debemos ser capaces de acceder a la vida de los demás para vivirla junto a ellos.

Si queremos convertirnos en personas agradables debemos entrar en la vida de las personas con quienes conversamos y tocar aquellas áreas que sean de su interés. Independientemente de cuánto sepamos sobre un tema, si éste no interesa a aquéllos con quienes estamos hablando, nuestros esfuerzos serán en vano.

Es triste, a veces, cuando ves a personas en una fiesta o reunión de un club que están mudas, casi impotentes e incapaces de entrar efusivamente en la conversación porque están demasiado absortas en sí mismas. No entran con entusiasmo en las vidas de los demás o se abandonan a la ocasión de hacerse buenos habladores.

Son personas frías, reservadas y distantes porque sus mentes están en otro lugar, en sus propias afecciones y asuntos personales. Sólo hay dos cosas que despiertan su interés: los negocios y su pequeño mundo. Si hablamos sobre estos temas en seguida están interesadas, pero no les importan nuestros asuntos: cómo progresamos, cuál es nuestra ambición o cómo pueden ayudarnos. Su conversación nunca alcanzará un nivel elevado mientras vivan en un estado tan febril, egoísta e indiferente.

Ser diplomáticos

Los grandes conversadores siempre han sido muy diplomáticos; son interesantes sin llegar a ofender. Algunas personas tienen la peculiar cualidad de sacar lo mejor de nosotros y otras despiertan lo peor. Cada vez que están presentes nos sacan de quicio. Otras personas son alegres y agradables. Nunca enardecen nuestros puntos sensibles. Irradian espontaneidad, dulzura y belleza.

Lincoln era un maestro en el arte de resultar interesante a todas las personas que conocía. Hacía sentir cómodas a las personas con sus historias y sus bromas, y las hacía sentir tan a gusto en su presencia que le abrían sus tesoros mentales sin reservas. Las personas que no lo conocían siempre estaban contentas de hablar con él porque era tan cordial y original que siempre daba más de lo que obtenía.

Un sentido del humor como el de Lincoln es, sin lugar a dudas, un gran complemento de la capacidad conversacional. Pero no todas las personas podemos ser divertidas y, si carecemos de sentido del humor, nos pondremos en ridículo al intentar ser graciosos.

Los buenos conversadores, sin embargo, no son demasiado formales. No nos agobian con detalles insignificantes. Los datos y las estadísticas pueden hartar, de modo que los complementan con ejemplos y anécdotas para plantear sus ideas. La vivacidad es absolutamente necesaria. Una conversación profunda puede ser aburrida, pero cabe señalar que si es demasiado ligera, aunque pueda ser divertida, tal vez no nos ayude a lograr nuestro objetivo.

Por lo tanto, para ser buenos conversadores debemos ser espontáneos, optimistas, naturales, comprensivos y mostrar un espíritu de buena voluntad. Debemos sentir un espíritu de amabilidad y entrar en el corazón y el alma de las cosas que interesan a los demás. Debemos conseguir la atención de las personas y mantenerlas interesadas, y sólo podemos lograr su interés con una comprensión afectuosa, una comprensión verdaderamente amistosa. Si somos fríos, distantes e indiferentes, no lograremos retener su atención.

Debemos tener la mentalidad abierta y ser tolerantes. Las personas que vulneran el sentido del gusto y de la justicia nunca interesan a los demás. Bloquean herméticamente todas las aproximaciones a sus yoes interiores y la conversación es superficial, mecánica y carece de vida o sentimiento.

Para triunfar en todo, debemos desarrollar la capacidad de expresarnos con un lenguaje firme, efectivo e interesante. No es necesario ofrecerle a la persona desconocida un inventario de nuestras posesiones a fin de mostrarle que hemos logrado algo.

Nuestra actitud, el espíritu que irradiamos, nuestra personalidad, determinará nuestra competencia conversacional. La impresión que demos será un factor determinante de nuestro éxito. Entonces, convenceremos y daremos la impresión de que tenemos la maestría, y eso es haber ganado la mitad de la batalla.

Aprender y acordarse de los nombres

Recordad que el nombre de una persona es, para ella, el sonido más dulce e importante en cualquier idioma.

Dale Carnegie

Cuando conocemos a alguien debemos esforzarnos especialmente en aprendernos su nombre. Normalmente las personas mascullan su nombre cuando se presentan, sobre todo cuando varias personas se presentan al mismo tiempo. Si no lo oímos con claridad, no es de mala educación pedir que nos lo repitan. Utilizar su nombre durante la conversación nos ayudará a memorizarlo en nuestra mente.

El lector puede seguir las siguientes indicaciones:

- Determinar qué parte del nombre utilizar. Los estadounidenses normalmente utilizan el nombre de pila, a menos que la persona sea bastante mayor o tenga más autoridad; en este caso se utilizan las denominaciones señor/señora hasta que la persona nos dé permiso para llamarla por su nombre de pila. En otras culturas, uno siempre utiliza las formalidades «señor», «señorita», «señora» o un título, como «doctor», «profesor», etc. a menos que se nos invite a ser menos formales.

- Crear una imagen mental que una el nombre con la persona. No pensar en palabras, sino en imágenes. Cuando pensamos en Rosa, podemos imaginarla adornada con flores; Alicia nos recuerda una historia maravillosa y a Julio podemos visualizarlo de vacaciones en la playa.
- Repetir el nombre inmediatamente en la conversación, pero no exagerar o parecerá falso. Es conveniente hacerlo una vez en una conversación de unos tres o cuatro minutos y al despedirnos.
- Si el nombre es igual o similar al de un familiar, un amigo u otra persona que conozcamos, podemos asociar la imagen de la nueva persona con la que ya conocemos.
- Lo más importante es usarlo, usarlo y usarlo... hasta que esté bien memorizado en nuestra mente.

Aprender sobre la otra persona

Cuando conocemos a una persona, es importante conseguir tanta información sobre ella como sea posible. Una manera de obtenerla es haciéndole preguntas. No debería ser un interrogatorio; unas pocas preguntas bien elegidas romperán el hielo y pondrán en marcha la conversación.

Se trata de un proceso delicado, pues no queremos parecer impertinentes. Sólo debemos preguntar aquellas cuestiones que sean apropiadas para la situación en la que estemos participando. Por ejemplo, algunas preguntas son apropiadas cuando hablamos con una persona sobre un asunto de negocios, otras en situaciones sociales, etc.

En una situación social, las preguntas sobre la zona donde uno vive, sobre aficiones e intereses, familiares o conocidos mutuos, por lo general son buenas maneras de romper el hielo. Otras formas eficaces de entablar una conversación es hablar sobre la escuela o la universidad en la que uno ha estudiado, sobre eventos recientes de actualidad o preguntar por un comentario que hayamos oído de esa persona.

Cuando conocemos a alguien en un contexto de negocios, una buena manera de empezar a conversar consiste en formular preguntas sobre la empresa que representa esta persona, las novedades que la afectan, la naturaleza de su trabajo o profesión, etcétera.

No es necesario tener un listado de las preguntas que planeamos hacer. En cuanto la conversación esté en marcha, los comentarios y las respuestas fluirán fácilmente.

Estilos conversacionales

Nuestra manera de comunicamos con los demás, ya sea en una conversación con una persona o cuando nos dirigimos a un grupo, puede influir en cómo nos acogerán. Pueden caracterizarnos como personas pasivas, agresivas o asertivas.

Algunas de las características de las personas pasivas son:

- Están más preocupadas por los demás, a menudo en detrimento de ellas mismas.
- Normalmente están estresadas interiormente, aunque los demás pueden no detectarlo.
- Suelen tener poca autoestima.
- Están más preocupadas por agradar a los demás que por ser respetadas.
- Animan a los demás incluso a expensas de ellas mismas.
- Asumen la culpa antes de culpar a los demás.
- Evitan los enfrentamientos.
- Cuando es necesario que alguien tome ciertas medidas, se lo piden de manera indirecta, en forma de propuesta o deseo.

El contrario del estilo pasivo es el enfoque agresivo. Las personas agresivas manifiestan estas características:

- Están demasiado centradas en ellas mismas.
- Con frecuencia están estresados interiormente.

- Carecen de autoestima, pero no lo admiten ni siquiera ante sí mismas.
- Normalmente no agradan ni tienen el respeto de los demás.
- Menosprecian a los demás con comentarios sarcásticos o despectivos.
- Intentan controlar todo y a todos.
- Cuando ocurren errores o fallos, culpan a los demás y nunca asumen su responsabilidad.
- Buscan enfrentamientos con personas con puntos de vista opuestos y disfrutan con ellos.
- Si se hallan en una posición de poder, obligan a los demás a seguirlos.
- Con frecuencia ofenden verbalmente a sus oponentes.
- Cuando es necesario que alguien tome medidas, se lo exigen u ordenan.

Los buenos comunicadores son un término medio. Son confiados y asertivos.

- Defienden sus propios derechos, pero son sensibles a los de las personas con quienes interactúan.
- Si están estresados, se ocupan de ello y siguen adelante.
- Tienen una imagen sólida y positiva de ellos mismos.
- Son directos y honestos.
- Se ganan el respeto de los demás.
- Muestran su aprecio por los demás.
- Confiesan sus propios errores y fallos y esperan que los demás confiesen los suyos.
- No buscan enfrentamientos. Si los demás muestran desacuerdo, se esfuerzan en persuadirlos para que cambien su punto de vista con una charla no amenazante y objetiva.
- Siempre están dispuestos a escuchar a los demás.
- Cuando es necesario tomar medidas, plantean lo que se debe hacer y trabajan con los demás para conseguirlo.

No es fácil cambiar nuestra personalidad, pero si queremos ser mejores comunicadores o si identificamos nuestro estilo con el pasivo o el agresivo, debemos esforzarnos para conseguir un enfoque asertivo-confiado.

Nuestra personalidad por teléfono

Cada vez que descolgamos el teléfono, ya sea para hacer una llamada o para atenderla, estamos dando una impresión a la persona que está en el otro extremo de la línea. A menudo, la única imagen que esta persona tendrá de nosotros y de nuestra empresa se derivará de esta conversación.

En la comunicación cara a cara hay muchas herramientas que nos pueden ayudar a dar una buena (o mala) impresión: nuestras expresiones faciales, nuestros gestos y nuestro uso de soportes visuales. Por teléfono sólo disponemos de una herramienta: nuestra voz. La mayoría de personas en realidad no se oyen a sí mismas como las oyen los demás. La mejor manera de tener una idea real de cómo nos oyen los demás es grabar varias llamadas telefónicas y evaluar qué impresión dan cuando las escuchamos. Lo más importante, por supuesto, es cómo sonamos. Como he mencionado antes, uno debe escuchar estas grabaciones y modificar lo necesario para mejorar su calidad.

Nuestra actitud

Una de las principales características de un trato efectivo con los demás es ser amables. ¿Parecemos amables en las grabaciones o parecemos enfadados? Esta llamada puede tener lugar en un momento inoportuno. Nos sentimos presionados por un jefe exigente, por un plazo de entrega que estamos intentando cumplir o por una crisis en el departamento, pero la persona que nos llama no lo sabe (o no le importa). Debemos disciplinarnos para tener únicamente presente en la mente esta llamada telefónica.

Si estamos disgustados por algo, antes de descolgar el teléfono, debemos respirar profundamente, relajar nuestros músculos y aclarar nuestra mente. Si estamos tranquilos y atentos, proyectaremos la impresión que queremos dar: un interés verdadero por lo que está diciendo esta persona.

Tácticas telefónicas para atender una llamada

Responder al teléfono en seguida. En una empresa, el teléfono no debería dar más de tres tonos. Si estamos ocupados con otra llamada, o bien podemos utilizar el contestador automático, o bien podemos poner nuestra llamada en espera, atender la nueva llamada y pedirle a la persona si puede esperar unos minutos o si prefiere darnos su número para que la llamemos cuando podamos. Si no vamos a estar en nuestra oficina durante más de unos minutos, debemos encargarle a otra persona que atienda las llamadas o que instale el contestador automático para que responda después de tres tonos.

Siempre debemos decir quién somos inmediatamente. En lugar de decir «hola», podemos decir «Sección de ingeniería, le habla Sam Johnson». No podemos asumir que la persona que llama sabrá quién somos. Si no sabemos quién es, le pedimos su nombre. Si se trata de un nombre poco habitual, le pedimos que nos lo deletree y lo anotamos. Cuando respondamos, usamos su nombre, pues demuestra un interés sincero por esta persona y su problema. Si no podemos responder a las preguntas de la persona que llama en varios minutos, es mejor que le digamos que la llamaremos más tarde en lugar de hacerla esperar mucho tiempo. Si prefiere esperar o responderle nos lleva más tiempo de lo previsto, debemos regresar a la llamada con frecuencia para que la persona sepa que no la hemos abandonado.

Uno de los aspectos más molestos de llamar a una empresa es que nos digan que nos transfieren a otra persona y que luego nos cuelguen. Si es necesario transferir la llamada, debemos decírselo siempre a la persona a quién se la vamos a transferir y darle al cliente el número o la extensión de esta persona (si es distinta a la nuestra).

También es aconsejable anotar el número del cliente para que si cuelga, podamos llamarlo de nuevo.

Debemos responder no sólo a las preguntas directas sino también a las objeciones implícitas. Cuando Martha llamó al Departamento de Ventas por Catálogo para hacer una reclamación por haber recibido una mercancía en mal estado, se mostró disgustada cuando le dijeron que la devolviera a la United Parcel Service. El representante del servicio al cliente se percató de su preocupación y rápidamente le dijo a Martha que no tenía que dirigirse hasta el centro de envío de UPS, sino que ellos se encargarían de que UPS recogiera el paquete en su casa.

Al anticipar su preocupación, el representante del servicio al cliente no sólo hizo que la clienta se sintiera mejor, sino que se ganó a una amiga para la empresa.

Tácticas telefónicas para realizar una llamada

El inicio y el final de una conversación telefónica son momentos críticos. Debemos empezar la llamada con una actitud agradable que muestre que estamos contentos de estar hablando con esa persona y admitir que la llamada es importante para ella. Si la persona no nos conoce, debemos decirle quién somos y por qué llamamos.

—Buenos días, señora Samuels, como madre que tiene a sus hijos en nuestras escuelas, sé que está preocupada por la calidad de la educación en este distrito. Le habla Blanche H., director de la campaña de Diane McGrath, candidato a la presidencia del consejo escolar.

Después de presentarnos, escuchar y responder preguntas, debemos concluir de manera agradable. «Gracias por su atención. Espero verla en la reunión del consejo el próximo martes.»

Es aconsejable planear todas las llamadas antes de descolgar el teléfono. Si tenemos que tratar varios asuntos en una llamada, podemos hacer una lista y anotar los principales aspectos que deseamos destacar de cada uno. Si seguimos nuestro plan cuando hablamos, la llamada se realizará con más eficacia y en menos tiempo.

Tenemos que escuchar a la otra persona. Sus respuestas tal vez requieran ajustar nuestro plan original. Debemos realizar preguntas y prestar mucha atención a sus respuestas. Este patrón es importante en toda comunicación, pero es particularmente valioso por teléfono porque no tenemos la ventaja de poder observar los signos no verbales que se dan en las conversaciones cara a cara. Debemos aprender a «leer» los matices que implican los cambios del tono de voz. Debemos elaborar el mensaje que pensamos enviar desde el punto de vista de la persona que nos escucha.

Conversaciones triviales

No hay nada realmente trivial en una «conversación trivial». Este estilo de comunicación no empresarial tiene la capacidad de crear vínculos y convertirse en los cimientos sobre los que se asientan las relaciones en curso.

Volverse expertos de las conversaciones triviales no requiere un conocimiento exhaustivo de los acontecimientos actuales. Lo único necesario es disponer de la capacidad de centrar a la otra persona en su tema favorito y hacerle preguntas que demuestren interés. Incluso hablar sobre el tiempo puede romper el hielo. Es una manera de éxito asegurado para construir una buena relación.

Saber escuchar mejor

Realizar las preguntas que nos proporcionen información valiosa es el primer paso para conocer a las personas, pero por muy bien elegidas que estén las preguntas que podamos hacerles, a menos que escuchemos con atención las respuestas, sólo obtendremos una fracción de la información que nos proporcionan. Perfeccionar nuestra capacidad de escuchar es importante en todas las conversaciones.

En el próximo capítulo hablaremos de algunas técnicas que nos ayudarán a saber escuchar mejor.

Lista de verificación de la eficacia en la conversación

Revisar algunas conversaciones recientes, tanto si fueron en persona como por teléfono.

- ¿Sonreímos? Incluso por teléfono, una sonrisa se refleja en nuestra voz y actitud.
- En caso de que fuera apropiado, ¿entablamos una conversación trivial para romper el hielo?
- ¿Recordamos y usamos el nombre de la persona?
- ¿Hemos conectado con la otra persona observando sus rasgos, valores o logros?
- ¿Creamos una base común?
- ¿Respetamos su tiempo?
- ¿Mostramos sensibilidad por cuestiones divergentes y evitamos temas controvertidos?
- ¿Demostramos un deseo sincero de saber más cosas sobre esta persona haciéndole preguntas consideradas?
- ¿Escuchamos atentamente y nos centramos en lo que dice la otra persona?
- ¿Preguntamos cómo podríamos ayudarla?
- ¿Tenemos en cuenta los intereses de la otra persona a la hora de hablar?
- ¿Decimos algo interesante que no supiera ya?
- ¿La elogiamos sinceramente con evidencias?

Lo más importante

Consejos para una buena conversación

- *Estar preparados.* Un buen conversador atrae a sus oyentes y estimula la conversación. Perfeccionar nuestras habilidades conversacionales manteniéndonos al día de las tendencias y los acontecimientos actuales.
- *Aprendernos el nombre de la otra persona y usarlo en la conversación.*
- *Establecer contacto visual.* Mirar directamente a la otra persona indica que la estamos escuchando. No debemos mirarla fijamente. Sí, debemos mirarla a los ojos, pero también todo su rostro.
- *Hablar de manera clara y audible.* Si se nos pide varias veces que hablemos más alto o que repitamos lo dicho, probablemente no estemos hablando con claridad. Grabar y escuchar nuestras conversaciones.
- *Buscar ayuda profesional de un entrenador vocal para superar los malos hábitos del habla.*
- *Utilizar un lenguaje y unos conceptos con los que el oyente esté familiarizado.* Sacamos más provecho de una conversación con alguien que habla y piensa como nosotros que de alguien que utiliza un vocabulario distinto.
- *Emplear el estilo de lenguaje de la persona con la que estamos hablando.* Utilizar distintas palabras y tonos de voz cuando hablamos con socios de nuestra empresa que cuando hablamos con un adolescente de la calle.
- *Ceñirse al tema.* Los ladrones de la comunicación son personas que interrumpen nuestra historia y dirigen la atención hacia sí mismos o hacia un tema del que saben más.
- *Saber cuándo hablar y cuándo escuchar. Un diálogo debería permitir dar y recibir.* Cada persona implicada en una conversación necesita hablar y escuchar. Debemos participar sin monopolizar.

- *Mostrar interés por lo que se dice.* Responder a los planteamientos asintiendo con la cabeza, comentando o preguntando cuando sea apropiado.
- *Hacer preguntas abiertas para promover la comunicación*; esto es, preguntas que no se respondan únicamente con un sí o un no.

Qué no debemos hacer para tener una buena conversación

- *No hablar demasiado rápido o demasiado despacio.* Todos hemos participado en conversaciones con personas que hablan tan rápido que no podemos mantener el hilo o tan despacio que, cuando terminan de expresar lo que piensan, nos hemos olvidado del tema.
- *No murmurar ni comernos las palabras.*
- *No hablar demasiado bajo ni demasiado alto.* Calcular nuestro volumen a partir de la cercanía o distancia de nuestro oyente.
- *No monopolizar la conversación.* Darle a la otra persona la oportunidad de hablar.
- *No fanfarronear o presumir.* Una conversación debería ser un intercambio de ideas y pensamientos, no un viaje al ego.
- *No interrogar.* Las preguntas deben hacerse de una forma amistosa y no agresiva. Hacer preguntas abiertas para que la otra persona pueda expresar sus ideas con libertad.
- *No interrumpir.* Dejar que la otra persona termine su comentario antes de emitir el nuestro.
- *No alzar la voz a la otra persona.* Hablar mientras la otra persona aún está hablando no sólo es de mala educación, sino que también nos puede hacer perder el hilo de lo que está diciendo.
- *No cerrar nuestra mente ante lo que se está diciendo.* Una mentalidad abierta es esencial si queremos comprender el punto de vista de la otra persona.

Capítulo 3

Escuchar verdaderamente

¿Realmente escuchamos? Supongamos que un compañero tiene un problema y nos pide ayuda. Tal vez empecemos escuchándolo atentamente, pero antes de que nos demos cuenta, nuestra mente está vagando. En lugar de escuchar su problema, estamos pensando en la cantidad de trabajo que tenemos en la mesa, en la llamada que teníamos pensado realizar antes de que este compañero entrara en nuestro despacho, en la discusión que tuvimos con nuestra hija cuando la llevamos a la escuela esta mañana, etcétera. Oímos las palabras de nuestro compañero, pero no lo estamos escuchando realmente.

Esto nos ocurre a todos. ¿Por qué? Nuestras mentes pueden procesar ideas más rápido de lo que somos capaces de hablar. Cuando alguien nos está hablando, nuestra mente tiende a adelantarse y completamos la frase de nuestro interlocutor mentalmente; algunas veces de manera correcta, pero a menudo difiere de lo que dice la otra persona. Oímos lo que nuestra mente nos dicta, pero no lo que finalmente se dice.

Forma parte de la naturaleza del ser humano. Pero no es una excusa para no saber escuchar. Es aconsejable que hagas la siguiente prueba para determinar lo buen oyente que eres.

Evaluar nuestra capacidad de escuchar

Responder «sí» o «no» a las siguientes preguntas:

1. ¿Interrumpes continuamente cuando alguien te intenta explicar algo?
2. ¿Ojeas documentos durante la conversación?
3. ¿Llegas a una conclusión antes de escuchar toda la historia?
4. ¿Tu lenguaje corporal demuestra falta de interés?
5. ¿Escuchas sólo lo que deseas escuchar e ignoras todo lo demás?
6. ¿Muestras impaciencia con el interlocutor?
7. ¿Pasas más tiempo hablando que escuchando?
8. ¿Tu mente vaga durante la conversación?
9. ¿Piensas en sus réplicas o contestaciones mientras la otra persona está hablando?
10. ¿Ignoras los signos no verbales de la persona que habla que nos indican cuándo quiere que respondamos?

Si has respondido que «sí» a alguna de estas preguntas, deberías concentrarte en mejorar tu capacidad de escuchar.

Aprender a saber escuchar activamente

Una persona que sabe escuchar activamente no sólo presta mucha atención a lo que dice la otra persona, sino que hace preguntas, comentarios y reacciona verbalmente y no verbalmente a lo que se dice.

Una manera de mejorar nuestra capacidad de escuchar es adoptar un rol activo. En lugar de simplemente sentarnos a escuchar, podemos seguir estas indicaciones:

- *Mirar a la persona que habla.* El contacto ocular es una manera de mostrar interés, pero no hay que exagerar. Hay que mirar a toda la persona, no mirarla únicamente a los ojos.
- *Mostrar interés con nuestras expresiones faciales.* Sonreír o mostrar preocupación cuando sea apropiado.

- *Indicar que seguimos la conversación asintiendo con la cabeza o gesticulando.*
- *Hacer preguntas sobre lo que se dice.* Podemos comentar: «Por lo que entiendo, esto es...» o hacer preguntas concretas sobre aspectos específicos. Esta técnica no sólo nos permite aclarar puntos que puedan ser confusos, sino que también nos mantiene alerta, prestando toda nuestra atención.
- *No interrumpir.* Una pausa no debería ser una señal de que podemos empezar a hablar. Debemos esperar.
- *Escuchar empáticamente.* Escuchar con el corazón así como también con la cabeza. Intentar sentir lo que están sintiendo los demás cuando hablan. Dicho de otra forma, hay que ponerse en la piel de quien habla.

Seis estrategias para saber escuchar mejor

Podemos aprender a escuchar mejor. Podemos eliminar algunas de las principales causas de una escucha deficiente antes de que alguien entable una conversación con nosotros. Lo único que debemos hacer es realizar algunas modificaciones en nuestro entorno de trabajo y en nuestra manera de escuchar:

1. *Configurar el buzón de voz para que recoja todas las llamadas de inmediato.* Probablemente, una de las distracciones más comunes sea el teléfono. Queremos prestarle a la otra persona toda nuestra atención. Responder al teléfono no sólo interrumpe nuestra conversación, sino también el flujo de nuestro pensamiento. Incluso después de colgar, nuestra mente puede estar todavía reflexionando sobre la llamada.

   Si no es factible desconectar el teléfono, debemos alejarnos de él. Podemos ir a una sala de conferencias vacía. Aunque haya un teléfono en la sala, probablemente no sonará si nadie sabe que estamos allí.

2. *Esconder los documentos.* Si nuestro escritorio está repleto de papeles, nuestros ojos probablemente estarán repasándolos hasta que nos demos cuenta, demasiado tarde, de que estamos leyendo una carta o un memorándum en lugar de estar escuchando. Si vamos a una sala de conferencias, debemos llevarnos únicamente los documentos relacionados con la conversación que vayamos a tener. Si tenemos que permanecer en nuestra oficina, podemos poner los documentos en un cajón para no tener la tentación de leerlos.
3. *No ponerse demasiado cómodo.* Robert L. nos explica una situación especialmente embarazosa: «Hace unos años estaba discutiendo una situación con otro encargado. Como de costumbre, me senté en mi cómoda silla de oficina con las manos detrás de la cabeza. Tal vez me mecí un poco, pero afortunadamente, me sorprendí antes de quedarme dormido. Desde entonces, en lugar de adoptar una posición relajada cuando participo en una conversación, me he propuesto sentarme en el borde de la silla e inclinarme hacia delante más que hacerlo hacia atrás. Esta posición no sólo me acerca físicamente más a la otra persona, sino que también me permite estar más atento y me ayuda a mantener el contacto ocular. También le muestra a la otra persona que estoy verdaderamente interesado en saber toda la historia que me está relatando y que me tomo en serio lo que me dice. Y, como no estoy demasiado cómodo, tiendo menos a soñar despierto».
4. *No pensar en nuestras réplicas.* Resulta tentador recoger uno o dos aspectos que está abordando la persona que habla y planear cómo vamos a contestarlos. Si lo hacemos, probablemente nos perderemos buena parte de lo que nos está diciendo, que en muchas ocasiones puede tratarse de los asuntos realmente importantes. Debemos concentrarnos en lo que se dice a lo largo de toda la conversación.

5. *Escuchar con empatía.* No hay que confundir empatía con compasión. La empatía es ponerse en la piel del otro para saber cómo se siente. La compasión es sentir lástima por la situación en la que se halla una persona. Una persona que escucha con empatía comprenderá más profundamente lo que trata de transmitirle la otra persona.
6. *Tomar notas.* Es imposible recordar todo lo que se dice en una conversación prolongada. Incluso aunque taquigrafiemos, tomar notas extensas nos impide estar escuchando completamente. Debemos anotar simplemente palabras o frases clave, cifras o datos importantes, lo suficiente para que nos ayude a recordar. Inmediatamente después de una reunión, cuando la información todavía está fresca en nuestra mente, podemos escribir un resumen detallado. Podemos dictarlo en una grabadora y guardarlo en nuestro ordenador, o bien escribirlo en nuestra libreta; como cada uno prefiera.

Cuando tratamos con las personas debemos recordar que no estamos ante organismos lógicos, sino emotivos.

Dale Carnegie

Siete tipos de oyentes

Los oyentes pueden clasificarse en las siguientes categorías:

Los preocupados

Estas personas dan la imagen de estar aceleradas y siempre están mirando alrededor o haciendo otras cosas. También se las llama personas multitareas, y no pueden sentarse tranquilamente y escuchar.

Si eres un oyente preocupado, es aconsejable que te propongas dejar a un lado lo que estás haciendo en ese instante cuando alguien te habla.

Si estás tratando con un oyente preocupado, podrías preguntarle: «¿Es éste un buen momento?» o decirle «Necesito toda tu atención sólo un momento». Debes empezar con un planteamiento que atraiga su atención, ser breve y concluir rápidamente porque la duración de su atención es efímera.

Los ausentados

Estas personas físicamente están aquí, pero no mentalmente. Podemos corroborarlo por la apariencia inexpresiva de su rostro. O bien están soñando despiertas o bien están pensando en cualquier otra cosa menos en lo que les estamos diciendo.

Si eres un ausentado, debes actuar como un buen oyente. Debes estar alerta, mantener el contacto ocular, inclinarte hacia delante y mostrar interés haciendo preguntas.

Si estás tratando con un ausentado, puedes preguntarle de vez en cuando si ha comprendido lo que le hemos dicho. Como con los «preocupados», debemos empezar con un planteamiento que llame su atención, ser concisos e ir al grano porque no pueden mantener su atención durante mucho tiempo.

Los interruptores

Estas personas están preparadas para meter baza en cualquier momento dado. Están a la espera de que haya una pausa para poder terminar nuestra frase. No nos escuchan, dado que están centradas en lo que quieren decir.

Si eres un irruptor, puedes proponerte pedir disculpas cada vez que te sorprendes interrumpiendo a alguien. Hará que seas más consciente de ello.

Si estás tratando con un irruptor, cuando éste interrumpa debes dejar de hablar inmediatamente y permitirle hablar, o de lo contrario nunca te escuchará. Cuando haya terminado, le puedes decir «como iba diciendo antes...» y luego seguir con tu planteamiento.

Los pasotas

Estas personas se mantienen distantes y apenas muestran alguna emoción cuando escuchan. Dan la impresión de que no les interesa en absoluto el tema del que estamos hablando.

Si eres un «pasota», debes concentrarte en todo el mensaje, no sólo en el mensaje verbal. Debes proponerte escuchar con tus ojos, tus oídos y tu corazón.

Si estás tratando con un «pasota», puedes dramatizar sus ideas y hacer preguntas para lograr su participación.

Los combativos

Estas personas están armadas y preparadas para guerrear. Disfrutan llevando la contraria y culpando a los demás.

Si eres un oyente «combativo», debes hacer un esfuerzo por ponerte en la piel del interlocutor y comprender, aceptar y valorar su punto de vista.

Para tratar con este tipo de oyentes cuando discrepan o señalan la culpa: por supuesto, si la crítica es correcta, debemos agradecérselo y actuar de manera apropiada. Si no lo es, en lugar de discutir, podemos decirles que apreciamos su sugerencia y luego continuar con la explicación de nuestro planteamiento.

Los analistas

Estas personas constantemente adoptan el rol de consejeras o terapeutas y están preparadas para darnos respuestas incluso aunque no las hayamos pedido. Creen que son grandes oyentes y les encanta ayudar. Constantemente están analizando lo que decimos y tratando de proporcionarnos soluciones.

Si eres analista, debes relajarte y comprender que no todo el mundo está buscando una respuesta, solución o consejo. Algunas personas simplemente quieren expresar sus ideas a los demás para ayudarse a sí mismas a ver las respuestas con más claridad.

Si estás tratando con una persona analista, puedes empezar diciendo: «Sólo necesito que me des tu opinión, no estoy buscando ningún consejo».

Los comprometidos

Éstos son los oyentes conscientes. Escuchan con sus ojos, sus oídos y su corazón, y tratan de ponerse en la piel del interlocutor. Éste es el nivel más elevado con el que se puede escuchar. Su capacidad de escuchar nos anima a seguir hablando y nos da la oportunidad de descubrir nuestras propias soluciones y de elaborar nuestras ideas.

Uno puede firmar más contratos en dos meses interesándose realmente en los demás que en dos años intentando que los demás se interesen en él.

Dale Carnegie

Observar el lenguaje corporal

Todos trasmitimos información con más elementos además de las palabras que utilizamos. Normalmente podemos modificar aquello que decimos con la manera en la que utilizamos nuestro cuerpo;

nuestras expresiones faciales, nuestros gestos, la manera de sentarnos y de estar de pie trasmiten significados.

¿Acaso no sería genial si pudiéramos comprar un diccionario de lenguaje corporal para poder buscar lo que significa cada gesto o expresión? Entonces, podríamos interpretar lo que todos están diciendo realmente.

Algunas personas han tratado de escribir tales «diccionarios». Listan una variedad de «signos» distintos e identifican su significado. Por ejemplo, la otra persona se acaricia la barbilla. ¿Qué puede significar? «¡Ajá! Lo sé. Está reflexionando acerca de la situación.» En realidad, puede estar perfectamente reflexionando sobre ella, pero también puede significar que no se ha afeitado esta mañana y que le pica la barbilla.

La persona que está frente a nosotros está sentada con los brazos cruzados. Algunos «expertos» interpretan que esta postura significa que la persona está reprimiéndose y bloqueándonos o rechazándonos. ¡Tonterías! Si el lector observa una sala llena de personas como una clase, una conferencia o una obra de teatro, se dará cuenta de que buena parte de estas personas están sentadas con los brazos cruzados. ¿Significa ello que están rechazando al profesor o a los actores? Por supuesto que no. Es una manera cómoda de sentarse que nos mantiene más templados cuando tenemos frío. Por otro lado, si a mitad de la conversación la otra persona de pronto cruza los brazos, podría significar que en ese momento está en desacuerdo con nosotros.

No hay un lenguaje corporal universal

Esto no significa que uno no pueda descifrar el lenguaje corporal. Lo que indica es que no hay un lenguaje corporal que sea universal. Cada uno de nosotros tiene su propia manera de expresar sus ideas, sentimientos y matices de una forma no verbal.

¿Por qué? El lenguaje corporal es un rasgo adquirido. Tendemos a imitar a los demás. Empieza con nuestros padres y por lo general está estrechamente ligado a nuestros orígenes étnicos. Dos niños de familias distintas nacen en Detroit, Michigan, pero sus padres inmigraron a Estados Unidos procedentes de dos países distintos. Una familia venía de un país donde la manera habitual de expresarse era mediante gestos; uno no podía hablar el idioma sin utilizar sus manos. La otra familia venía de un país en el que nadie gesticulaba excepto cuando estaba sumamente emocionado. Los dos niños se conocieron en la escuela secundaria. El primer chico estaba explicando una situación a su manera habitual, con las manos moviéndose salvajemente. El otro chico pensó: «Dios mío, está emocionado».

Entonces, respondió con su tranquila forma habitual y el primer chico pensó: «Ni siquiera le interesa».

Las diferencias culturales también afectan a la manera en que uno utiliza la comunicación no verbal. Tras un robo en una cafetería de una escuela secundaria de la ciudad de Nueva York, el director entrevistó a todos los estudiantes que tenían acceso a la caja registradora. Después de las entrevistas determinó que la ladrona era una chica latinoamericana y la expulsó. Un trabajador social visitó al director y le preguntó por qué creía que era ella la culpable, a lo que él respondió:

—Los demás estudiantes me miraron fijamente a los ojos y dijeron que no lo habían hecho. La chica no me miró a los ojos. Mantuvo la mirada fija en el suelo a lo largo de toda la entrevista. Sin duda, es la culpable.

El trabajador social dijo:

—Señor director, a una chica latinoamericana bien educada se le enseña que nunca debe mirar fijamente al rostro de una persona tan destacada como un director, sino mirar recatadamente al suelo mientras habla con él.

La diferencia cultural originó el lenguaje corporal, que fue malinterpretado por el director.

Los hábitos familiares pueden determinar un patrón similar. Cada vez que alguien habla con un miembro de la familia de Esther, éste responde asintiendo continuamente con la cabeza. La mayoría de nosotros lo interpretaríamos como una muestra de que está de acuerdo con nosotros. Pero, tal y como señaló Esther cuando se lo preguntaron, lo único que significaba para ellos era que confirmaban estar escuchando lo que alguien les decía.

Estudiar los usos personales de indicios no verbales

Si el lenguaje corporal es un aspecto importante de la comunicación, ¿hay alguna forma de que podamos aprender a interpretarlo? No hay ninguna aproximación 100 por 100 fiable a la lectura del lenguaje corporal. La única manera de obtener una interpretación bastante buena de las acciones y reacciones no verbales de una persona es conocer a la persona con la que nos estamos comunicando. Cuando tratamos con las mismas personas una y otra vez podemos aprender a leer su lenguaje corporal mediante la observación cautelosa. Advertimos que cuando Claudia está de acuerdo con nosotros tiende a inclinarse hacia delante, y que Paul muestra su conformidad cuando ladea la cabeza hacia la derecha. Observamos que Esther asiente independientemente de lo que digamos, pero cuando no está segura de algo, tiene una expresión perpleja aunque siga asintiendo.

Si tomamos notas mentales sobre cada una de las personas con las que nos comunicamos, seremos capaces de entender sus signos no verbales y de interpretarlos adecuadamente. Después de un tiempo, tal vez advirtamos que algunos gestos o expresiones son más comunes que otros entre estas personas. De ahí podemos sacar algunas generalizaciones cuando tratemos con personas desconocidas, pero debemos tener cuidado de no otorgar demasiada credibilidad a estas interpretaciones hasta que hayamos tenido más encuentros con estas personas.

Cuando el lenguaje corporal parece contradecirse o desvirtuar el significado de las palabras habladas, o no estamos seguros del significado real de ese gesto, podemos preguntar para que la persona nos comunique verbalmente lo que quiere expresar. Con buenas preguntas podemos superar las dudas que indujeron las acciones no verbales y ser capaces de tratar con ellas.

El bucle de realimentación

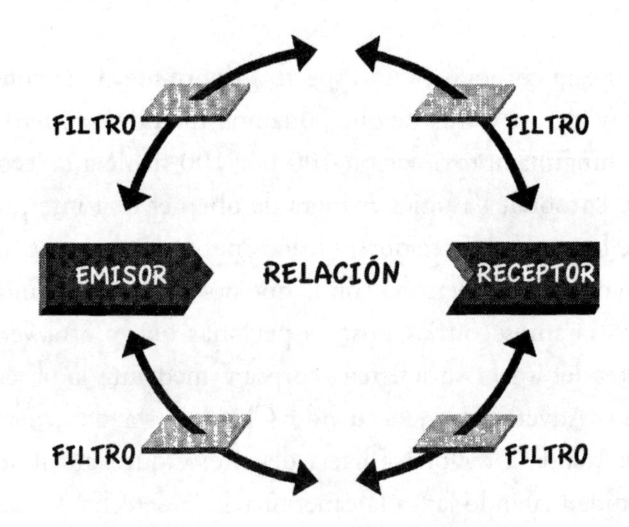

Los buenos oyentes saben que la comunicación es como una radio de doble sentido. El emisor envía un mensaje al receptor y éste responde. En este momento el receptor se convierte en emisor y el emisor en receptor. En todas nuestras comunicaciones, tanto con amigos como con la familia, en actividades sociales y comunitarias o en el trabajo, estamos constantemente cambiando nuestro rol de emisor a receptor y a la inversa. Si no admitimos que siempre estamos desempeñando este rol dual, nuestros mensajes pueden degenerar en una diatriba de una sola persona y no tendrá lugar una verdadera comunicación.

Al igual que en cualquier intercambio de radio, puede ocurrir alguna interferencia entre el emisor y el receptor que cause una distorsión del mensaje. El mensaje se filtra de manera que lo que se recibió no fue el mismo mensaje que se emitió. Aún es más probable que ocurra cuando el mensaje es largo o trata de asuntos complejos. Estas distorsiones pueden emanar tanto del emisor como del receptor.

¿Cómo se ha recibido el mensaje?

En la comunicación alternamos entre ser emisores y ser receptores. Debemos ser buenos oyentes no sólo cuando somos receptores, sino que, cuando enviamos un mensaje, debemos asegurarnos de que el receptor ha escuchado lo que le hemos enviado.

Así es como funciona: el emisor envía un mensaje al receptor; el receptor responde. Cuando recibe la respuesta, el emisor, que ahora se ha convertido en receptor, filtra su respuesta a través del ordenador que todos tenemos entre nuestros oídos, que ha sido programado para indagar cómo se ha recibido el mensaje. Si lo que se ha enviado no es lo que se ha recibido, puede llevarse a cabo una corrección en el siguiente mensaje.

Myra: Mike, necesito saber el material que está disponible, el material que está en *stock*, el tiempo estimado y las personas que se asignarán al proyecto.

Mike: Tenemos todo el material que necesitamos y podemos empezar a trabajar el lunes.

Myra: Está bien, pero aun así necesito saber las cifras de cada uno de los detalles que te he mencionado para poder redactar mi informe.

Cuando Mike recibió el mensaje de Myra, su perspectiva estaba orientada a empezar el trabajo. El objetivo de Myra era obtener información para su informe. La percepción de cada uno sobre el propósito de la comunicación distorsionó el mensaje, que fue corregido en la siguiente respuesta de Myra. Advirtió el indicio de una mala comunicación y actuó para solucionarlo.

Preguntar

No siempre es fácil advertir todos estos indicios. A fin de lograr la máxima cantidad posible, podemos hacer preguntas. Después de cada cuatro o cinco intercambios, podemos hacer una pregunta para saber la reacción ante todo lo que se ha tratado hasta el momento.

«¿Qué problemas crees que podrían desarrollarse si lo hacemos así?»

«¿Cuánto tiempo adicional necesitarán tus trabajadores para terminar esta fase?»

A partir de las respuestas a nuestras preguntas, podremos advertir indicios adicionales y realizar los ajustes necesarios.

Cuando los asuntos implicados son complejos, para asegurarnos de que el comunicado se ha recibido y comprendido podemos hacer unas pocas preguntas específicas sobre aspectos clave. Así podremos identificar rápidamente áreas problemáticas y hacer aclaraciones de inmediato.

Observar indicios no verbales

El doctor Kim P., ingeniero jefe de una instalación técnica, advierte:

—Mis trabajadores son profesionales con un gran conocimiento de su campo. Tienden a estar por delante de mí y anticipan lo que diré. Muchas veces aciertan, pero en ocasiones me interrumpen antes de que haya terminado de hablar, dando por sentado que saben lo que les voy a decir. A fin de que no pase, observo detenidamente su lenguaje no verbal: sus ojos, sus expresiones faciales, su lenguaje corporal. Si tengo la impresión de que ya no están escuchando, dejo de hablar durante unos segundos y después de la pausa les hago preguntas específicas sobre lo que he dicho. Esta intervención los vuelve a encarrilar.

Loren dirige a varias personas que tienen un escaso conocimiento del inglés. Para saber si comprenden lo que les dice, se basa en su observación del lenguaje corporal. Explica:

—Si su rostro carece de expresión o fruncen mucho el ceño, sé que no han comprendido mi mensaje. Lo repito con palabras más sencillas y les explico con señales no verbales lo que deben hacer.

Cuando somos los receptores

Nuestro jefe nos está dando instrucciones y no estamos seguros de lo que nos quiere decir. Debemos crear nuestro propio bucle de realimentación; debemos hacer preguntas.

No es conveniente esperar hasta el final de la conversación, cuando nos diga: «¿Tienes alguna pregunta?». A lo largo de la conversación, en los momentos adecuados, podemos hacer una pregunta relacionada con lo que se acaba de decir.

Podemos utilizar una expresión similar a: «Así que quieres que esto se haga de manera que... » y repetir con nuestras propias palabras cómo hemos interpretado las instrucciones. Si nuestra interpretación es incorrecta, nos la podrá aclarar, y si es correcta, nos dará su aprobación inmediata.

En algunos casos, una pregunta específica sobre un aspecto determinado mejorará nuestra interpretación y nos advertirá de los errores que podemos haber cometido. Al término del diálogo no sólo tendremos una idea más clara de lo que tenemos que hacer, sino que nuestro jefe sabrá que lo hemos comprendido.

Lo más importante

Para ser buenos oyentes:

- *Escuchar con empatía.* Intentar sentir lo que la otra persona está sintiendo cuando habla.
- *Alejar cualquier tipo de distracción.* Apagar el teléfono y guardar todos los documentos que no necesitemos para la conversación.
- *Aclarar cualquier duda cuando nuestro interlocutor haya terminado de hablar.* Asegurarnos de que hemos comprendido lo que nos ha dicho explicando con nuestras palabras lo que hemos escuchado.
- *Intentar ver las cosas desde el punto de vista de la otra persona.*
- *No sacar conclusiones o hacer suposiciones de forma anticipada.* Mantener una actitud abierta y tolerante.
- *Mostrar interés con nuestras expresiones faciales.* Sonreír o mostrar preocupación cuando sea conveniente.
- *Indicar que estamos siguiendo el hilo de la conversación asintiendo con la cabeza o gesticulando.*
- *Hacer preguntas sobre lo que se dice.* Podemos comentar: «Por lo que entiendo, esto es...» o hacer preguntas concretas sobre aspectos específicos. Esta técnica no sólo nos permite aclarar puntos que puedan ser confusos, sino que también nos mantiene alerta, prestando toda nuestra atención.
- *No interrumpir.* No deberíamos interpretar una pausa como una oportunidad para tomar la palabra. Debemos esperar.
- *Observar el lenguaje corporal del interlocutor.*
- *Servirse del bucle de realimentación.* Lo que se dice puede no ser lo mismo que lo que se recibe. Detectar filtros y superarlos. Para retomar el hilo de la conversación podemos formular de nuevo el aspecto que no hemos comprendido o hacer las preguntas oportunas.

Capítulo 4

Hablar en público con confianza y convicción

Cuando se han realizado encuestas sobre los temores de las personas, hablar en público siempre ha aparecido entre las primeras de la lista. A diferencia de otro tipo de temores, como el temor a la muerte, a las enfermedades o a la pérdida del empleo, superar la fobia a hablar en público es relativamente sencillo.

Dale Carnegie lo resumió brevemente:

¿Existe el más mínimo motivo por el que uno no debiera ser capaz de pensar igual frente una audiencia que sentado en ella? ¿Hay alguna razón por la que uno deba hospedar mariposas en su estómago y convertirse en víctima de los nervios cuando se levanta y se dirige a un público? Sin duda, uno sabe que esta condición puede remediarse, que con entrenamiento y práctica se liberará de su temor a la audiencia y ganará confianza en sí mismo.

Preparación: el primer paso para dar una charla exitosa

Para dar un discurso es esencial estar bien preparados. En el próximo capítulo hablaremos de cómo hacerlo en una situación empresarial. Sin embargo, si se nos pide hablar en el aula de nuestro hijo, en una reunión de una asociación comunitaria o en cualquier otro grupo y tenemos que escoger un tema, la mejor estrategia es hablar sobre algo que dominamos y que sabemos que dominamos. No debemos preparar un discurso en diez minutos o diez horas; debemos prepararlo en diez semanas o diez meses o, mejor aún, en diez años.

Es esencial hablar sobre algo que haya despertado nuestro interés; hablar sobre algo que deseamos profundamente comunicar a nuestros oyentes.

Dale Carnegie explica la historia de una de sus alumnas, Gay K. Gay nunca había hablado en público antes de inscribirse en el curso de Dale Carnegie para hablar en público.

Estaba aterrada. Temía que hablar en público pudiera ser un arte oscuro que estuviera más allá de sus capacidades. Sin embargo, en la cuarta sesión del curso, dio una charla improvisada y mantuvo al público hechizado. Le pidieron que hablara sobre «el peor lamento de su vida». Gay dio un discurso sumamente emotivo. Los oyentes apenas podían contener las lágrimas. Ni siquiera el señor Carnegie pudo evitar que los ojos se le llenaran de lágrimas. Su charla fue así:

—Mi peor lamento es no haber conocido nunca el amor de una madre. Mi madre murió cuando sólo tenía un año. Fui educada por una sucesión de tías y otros familiares que estaban tan absortos con sus propios hijos que no tenían tiempo para mí. Jamás me quedé con ninguno durante mucho tiempo. Siempre lamentaban verme llegar y se alegraban al verme marchar. Nunca se interesaron por mí ni me dieron ningún afecto. Sabía que no era querida. Incluso siendo muy pequeña podía sentirlo. Muchas veces lloraba hasta quedarme dormida debido a mi soledad. Mi deseo más profundo era tener a alguien que me pidiera ver mis notas de la escuela. Pero nadie lo hizo nunca. A nadie le importaba. Lo único que ansiaba de pequeña era tener amor, y nadie me lo dio jamás.

¿Se había pasado Gay diez años preparando este discurso? No. Se había pasado veinte años. Se había estado preparando para dar este discurso desde pequeña, cuando lloraba hasta quedarse dormida. Se había estado preparando para esta charla cuando le dolía el corazón porque nadie le preguntaba por sus notas de la escuela. No es de extrañar que pudiera hablar sobre este tema. No había podido borrar estos recuerdos tan antiguos de su mente. Gay había redescubierto un depósito de recuerdos y sentimientos trágicos en lo más profundo de su interior. No tuvo que sacarlos. No tuvo que esforzarse para pronunciar este discurso. Lo único que tuvo que hacer fue permitir que sus sentimientos y recuerdos contenidos salieran a la superficie como el petróleo de un pozo.

Las personas que hablan sobre lo que la vida les ha enseñado siempre consiguen mantener la atención de sus oyentes.

Dale Carnegie

Preparar un discurso cuando desconocemos el tema

Algunas veces pueden pedirnos que hablemos sobre un tema del que apenas tenemos conocimiento. Esta situación puede ocurrir de manera habitual en la presentación de una empresa. El objetivo de la mayoría de estas presentaciones es conseguir algún tipo de acción: una compra garantizada de un cliente, el siguiente paso a mitad de un largo proyecto, una decisión para cambiar el rumbo. Constituyen ejemplos de presentaciones habituales.

A fin de preparar este tipo de comunicados, debemos empezar teniendo en mente el objetivo –la acción que queremos que realicen nuestros oyentes– y trabajar desde ese punto hacia atrás. Entonces, cuando hacemos la presentación, buscamos un ejemplo/situación que atraiga la atención y allane el terreno para que tenga lugar la acción deseada. Con la reconstrucción vívida de un suceso podemos influir en la conducta de los demás. Es la prueba que convence a la audiencia de que debe tomar medidas. Al comunicar el ejemplo, debemos recrear algún suceso de nuestra experiencia de un modo tal que tienda a tener el mismo efecto en nuestros oyentes que el que tuvo originalmente en nosotros. Nos preparará para aclarar, intensificar y dramatizar nuestros asuntos de manera que los vuelva interesantes e irresistibles para nuestros oyentes.

Luego, debemos hacer una búsqueda para obtener tanta información como sea posible. Un buen presentador debería saber diez veces más sobre un tema de lo que utilizará en su discurso. Debemos constatar la evidencia que respalde nuestras ideas. En el capítulo 6 discutiremos cómo hacer un uso efectivo de las evidencias.

Finalmente, debemos preparar el final. La forma de concluir la presentación ha demostrado ser una de las mejores estrategias para motivar a los oyentes a tomar medidas. Veremos que terminar hablando de los beneficios –desde el punto de vista de la audiencia– ofrece resultados favorables.

La fórmula mágica de las charlas dinámicas

Podemos evitar dar charlas confusas, incoherentes y aburridas con una aproximación de tres pasos sencilla y fácil de aplicar. Convertirá de forma mágica nuestra presentación en un discurso apasionante y convincente.

La fórmula mágica consiste de tres pasos:

Suceso: citar un suceso o anécdota que ilustre la idea que deseamos comunicar garantiza el éxito de la obtención y el mantenimiento de la atención de nuestros oyentes.

Acción: señalar la acción que queremos que lleve a cabo nuestra audiencia.

Beneficio: concluir con la explicación acerca de cómo esta acción beneficiará a la audiencia.

Si deseamos persuadir al público, debemos estar alerta y atentos. Debemos hablar con sinceridad y entusiasmo. Debemos hablar de manera que nuestros oyentes sientan que creemos cada palabra que pronunciamos.

Suceso

Cuando *pronunciemos* nuestro relato, debemos empezar siempre con el suceso. ¿Por qué? El suceso capta inmediatamente la atención de nuestros oyentes y hace que nuestro comunicado sea más interactivo. Cuando utilicemos la fórmula mágica, debemos asegurarnos de que los pasos de la acción y el beneficio son breves, claros y concisos. El suceso se basa en una experiencia que nos enseñó una lección. Recordad que debemos comunicar la acción que queremos que lleven a cabo nuestros oyentes. Cuanto más específica sea, mejor. A fin de comunicarnos con claridad, debemos identificar una acción específica y un beneficio específico.

Acción

El segundo paso de la fórmula mágica, la Acción, es lo que queremos que haga la audiencia. Tal vez sea comprar nuestro producto, escribir a su congresista, dejar de fumar o simplemente pensar más sobre el tema. Dedicar por lo menos el triple de tiempo en la preparación que en la transmisión de nuestro mensaje.

Beneficio

El tercer paso de la fórmula mágica consiste en el Beneficio que nuestros oyentes recibirán si hacen lo que les pedimos en el paso de la Acción. Por ejemplo: «Si utilizan este componente reducirán el tempo y el costo de la fabricación de (nombrar su producto).»

«Dejar de fumar no sólo nos devolverá la salud y nos permitirá vivir más tiempo, sino que nuestras familias dejarán de estar expuestas a los peligros de fumar de manera pasiva.»

Hablar desde el punto de vista del oyente

Nuestra capacidad de inspirar a los demás a aceptar el cambio depende en gran medida de nuestra capacidad de comunicarnos desde el punto de vista de nuestros oyentes. En la etapa inicial de la presentación debemos ganarnos su confianza. Debemos conseguir rápidamente la obtención favorable de su atención y establecer la necesidad de considerar el cambio. La ejemplificación de un suceso es una manera efectiva de lograrlo. Para convencer, los oyentes deben ver que la evidencia, desde su punto de vista, respalda claramente la necesidad constatada del cambio. La audiencia no debe sentir que está siendo llevada al cambio; por el contrario, debe ver que el cambio es la opción lógica.

Después de establecer la necesidad del cambio, ilustramos las ventajas y desventajas de cada alternativa. Debemos ser cuidadosos de asegurarnos de que las alternativas son consideradas desde el punto de vista de nuestros oyentes y, por lo tanto, debemos considerarlas y comunicarlas de un modo creíble y equilibrado.

Concluimos con pruebas que respalden lo que creemos que es la mejor alternativa y planteamos la acción que debe emprenderse y cuál será el beneficio, inspirando así a nuestros oyentes a aceptar el cambio específico que les aporte los resultados esperados.

Cómo preparar y realizar discursos

He aquí ocho principios que serán de gran ayuda para que el lector prepare sus charlas:

1. Tomar breves notas de los aspectos más interesantes que queremos mencionar.
2. No trascribir las charlas. Si lo hacemos, utilizaremos el lenguaje escrito en lugar del estilo sencillo y convencional, y cuando nos dispongamos a hablar, probablemente nos sorprenderemos intentando recordar lo que escribimos. Esto nos impedirá hablar con naturalidad y gracia.
3. Nunca, nunca, nunca memorizar una charla palabra a palabra. Si memorizamos la charla, es casi seguro que la vayamos a olvidar; y la audiencia probablemente se complacerá, pues a nadie le gusta escuchar un discurso enlatado. Incluso aunque no lo olvidemos, se notará que lo hemos memorizado. Tendremos una expresión abstraída en los ojos y en nuestro tono de voz.
4. Si, en un discurso largo, tememos olvidarnos de lo que queremos decir, entonces podemos tomar algunas notas breves y echarles un vistazo ocasionalmente.
5. Complementar el discurso con ejemplos. Con mucho, la manera más fácil de hacer que un discurso sea interesante es agregándole ejemplos.
6. Explicar historias y anécdotas que ilustren nuestros argumentos. Explicar cómo nosotros o alguien que conocemos aplicó esa cuestión. Proporcionar ejemplos específicos de lo que aprendimos sobre la materia a partir de nuestra investigación.
7. Convertirse en una autoridad en la materia. Desarrollar esa preciada cualidad llamada *conocimiento de reserva*. Saber diez veces más sobre la materia de lo que explicaremos en el discurso.
8. Ensayar el discurso con amigos; no tiene por qué ser necesariamente un ensayo general, sino que nos debe servir para comprobar el punto de vista que surgirá en la conversación con los demás para comprender su reacción. Esta práctica nos permite descubrir cómo recibirán nuestras bromas y qué co-

mentarios han despertado su interés, lo cual nos proporciona una reacción que no es posible obtener de un ensayo frente al espejo.

Proporcionar vitalidad al discurso

Para comunicarnos con eficacia, no debemos limitarnos a emplear únicamente la voz. También debemos utilizar expresiones físicas o gestos. En otras palabras, debemos usar todo el cuerpo. Los gestos naturales, convincentes y espontáneos son extremadamente poderosos por dos motivos:

Los gestos estimulan e inspiran al orador. Los gestos nos despiertan, nos dan confianza y nos relajan. Gesticular nos permite soltarnos física, mental y emocionalmente.

Los gestos también impactan a la audiencia. El efecto emocional que tienen es evidente y, a veces, incluso espectacular. Basta con pensar en algunos de los mejores comunicadores del mundo. En casi todos los casos, el uso de gestos naturales y espontáneos contribuye a la efectividad del orador y al impacto de su mensaje.

Hay que ser cuidadosos a la hora de usar nuestro cuerpo ante el público.

No debemos estar de pie con las piernas y los brazos cruzados.

No debemos colocar ningún objeto delante de nuestro cuerpo como un monedero, documentos o una taza de café.

No debemos estar de pie con los pies separados.

No debemos cruzar los brazos a los lados o delante del cuerpo.

No debemos mirar hacia abajo con la mirada fija en el atril (leyendo el guión).

Debemos mantener la cabeza recta, la frente en alto y el pecho hacia fuera.

Debemos mantener la espalda recta.

Debemos mantener el contacto ocular con el grupo.

Debemos sonreír oportunamente.

Dado que la mayoría, cuando envejecemos, perdemos la espontaneidad y naturalidad de cuando éramos jóvenes, tendemos a anquilosarnos en nuestra comunicación física y vocal. Nos hallamos menos preparados para gesticular y ser expresivos... en definitiva, perdemos la frescura y la espontaneidad de una verdadera conversación.

Dale Carnegie

Cinco pasos para articular mejor

No saber articular bien reduce la efectividad de los discursos de algunas personas y, por lo general, muchos de nosotros no sabemos realmente cómo sonamos a los demás. No nos oímos como nos oyen los demás. Como he señalado al tratar el tema de nuestra voz en el teléfono, sólo si escuchamos cuidadosamente nuestras charlas grabadas podemos apreciar realmente cómo sonamos. Sin embargo, no es realista grabar una lectura de varios párrafos de una revista.

Debemos grabar nuestra voz sin ser conscientes de que la estamos grabando. Una manera sencilla de hacerlo es colocar una grabadora en nuestro escritorio durante un día entero. Todas nuestras conversaciones de ese día se grabarán, tanto si son cara a cara como telefónicas. Luego podemos escucharlas y detectar si tenemos algunas dificultades en nuestro discurso.

Mejorar la pronunciación

Danny es supervisor. Cuando da órdenes o instrucciones a sus trabajadores, lo hace balbuceando. Sus palabras suenan indistintamente y es difícil comprender lo que dice. Pero a sus trabajadores les avergüenza demasiado decirle que balbucea, de modo que intentan adivinar lo que quiere decir, y no suelen acertarlo. Esto conduce a errores, a no cumplir con los plazos de entrega y a otros inconvenientes.

Carrie es muy inteligente. Piensa velozmente y habla demasiado rápido porque siempre está intentando mantenerse al ritmo de sus pensamientos. Desgraciadamente, sus oyentes no pueden mantener su ritmo y se pierden buena parte de lo que dice.

Darryl es precisamente lo contrario. Habla muy despacio. A pesar de que es fácil comprender lo que dice, sus oyentes suelen ir por delante de él y anticipan lo que creen que va a decir, a menudo de manera incorrecta.

Terry, Merry y Jerry interponen sonidos, palabras o frases a su discurso. Terry siempre añade «eh» a cada palabra; Merry dice «¿sabes?» después de cada frase y Jerry termina cada frase con «vale». A estos sonidos y expresiones similares los llamamos «muletillas».

Éstos son algunos de los problemas más comunes en la articulación de las palabras. La mayoría de personas que tienen estos problemas ni siquiera se dan cuenta de que hablan así. Al escuchar su voz en grabaciones se dan cuenta de que balbucean, hablan demasiado deprisa o demasiado despacio o añaden sonidos, palabras o frases a sus discursos.

Lo único necesario para corregir estos problemas es ser conscientes; escuchar con atención una grabación de la propia voz lo arreglará. Cuando las personas se dan cuenta de que balbucean, se esfuerzan por dejar de hacerlo. Una persona que sabe que cada cinco palabras dice «¿sabes?» inmediatamente deja de hacerlo.

Superar los defectos del habla

Si una persona tiene un defecto serio del habla, como un tartamudeo, es probable que evite situaciones que exijan mucha comunicación oral. Sin embargo, en los últimos años se ha avanzado mucho para poder ayudar a estas personas. Un ejemplo famoso es Anne

Gleen, la mujer del senador John Glenn, que superó un importante problema de tartamudeo y cuando su marido postuló para el cargo, hizo campañas publicitarias para él.

Ivan emigró a Estados Unidos procedente de Rusia y, a pesar de que había aprendido inglés en su tierra natal, su acento resultaba muy difícil de comprender para los americanos. Era un ingeniero cualificado, pero su carrera profesional se vio obstaculizada a causa de su problema del habla. Siguiendo la recomendación de un consejero profesional, buscó la ayuda de un logopeda. En menos de un año la comunicación oral de Ivan había mejorado tanto que fue ascendido a un puesto directivo en el que tenía que comunicarse con ejecutivos de su empresa y de otras compañías.

La logopedia está disponible en la mayoría de universidades y puede ser de gran ayuda para personas que tienen problemas del habla de cualquier tipo o dificultades para comprender acentos extranjeros.

El tono de voz es esencial

Claude habla de forma monótona. No es difícil comprender lo que dice, puesto que su dicción es muy buena. Sin embargo, es difícil mantener la atención porque no ha aprendido a utilizar la inflexión y la modulación de su voz. Las personas que hablan de forma monótona no pueden mantener el interés de sus oyentes. Como sucede con otros problemas del habla, los oradores no se dan cuenta de que su discurso es monótono. Escuchar una grabación de la propia voz les permitirá darse cuenta y, una vez sean conscientes de ello, podrán esforzarse para superarlo.

Seleccionar el ritmo adecuado

El ritmo al que hablamos también afecta el mensaje. Si deseamos transmitir urgencia o entusiasmo, es mejor acelerar el ritmo. Si hablamos despacio cuando les decimos a nuestros trabajadores que deberían trabajar más rápido a fin de cumplir con el plazo de entrega, no conseguiremos transmitirles la sensación de urgencia necesaria.

Por el contrario, si queremos que capten algo, debemos decirlo más despacio.

—Hemos tenido demasiadas quejas sobre la cualidad de nuestro trabajo; si cada — uno — de vosotros — se — tomara — un — minuto — más — para revisar — su — trabajo, podríamos solucionarlo.

Controlar el volumen del tono de voz

Elevar o bajar el tono de voz en un mensaje hablado es equivalente a añadir letra cursiva a una página impresa. Elevamos y bajamos el tono de voz en función del contexto del mensaje.

Atención: es tentador hablar en voz muy alta cuando uno quiere enfatizar un argumento. Hablar a voces puede distraer e incluso trasmitir un efecto negativo. El volumen debe controlarse para que nunca hablemos demasiado alto ni demasiado bajo. Si sabemos que tenemos un tono de voz estridente, es especialmente importante controlar el volumen, sobre todo en conferencias públicas donde tal vez usemos micrófonos. Un volumen demasiado alto puede distorsionar fácilmente la voz cuando se amplifica. Tanto si nuestra voz es suave o estridente, debemos prestar atención a cómo suena y practicar con seriedad para ayudarnos a controlar su volumen.

Ya sea en nuestras charlas privadas o púbicas, si seguimos estas recomendaciones nuestros oyentes nos comprenderán con más facilidad y les daremos una impresión más favorable.

Doce maneras de agradar a nuestros oyentes

A fin de que nuestros mensajes suenen agradables, debemos gustar a nuestros oyentes. He aquí doce principios que se han demostrado eficaces para ganar oyentes e influir a la audiencia:

1. Considerarnos honrados porque se nos haya pedido hablar ante una audiencia y decirlo públicamente.

   Independientemente del tamaño o del tipo de audiencia del que se trate, casi siempre es un honor que se nos pida hablar ante un grupo. Es una cuestión de cortesía y buenos modales reconocer tal halago. Ésta es una forma de agradar a una audiencia.

2. Dar a nuestros oyentes un sincero agradecimiento.

   Nunca debemos hablar ante un grupo sin antes haber averiguado lo máximo sobre él. Así, podemos dedicar unos pocos segundos a recordarle a la audiencia algunas de sus hermosas e inusuales cualidades que nos hagan estar orgullosos de que nos hayan elegido como su orador.

3. Cuando sea posible, debemos mencionar los nombres de algunos oyentes.

   El nombre de una persona es el sonido más dulce en cualquier idioma; así, *siempre que sea posible,* es aconsejable mencinar el nombre de algunas personas del público. Cabe notar que cuando los políticos hablan en una conferencia, casi siempre mencionan los nombres de los funcionarios locales que están en el público.

4. Restarnos importancia; no creernos más.

   La modestia generalme te inspira confianza y buena voluntad. Por ejemplo, Abraham Lincoln era un maestro en esto. Una noche, durante los debates entre Lincoln y Douglas, una banda de música le tocó una serenata a Lincoln; y cuando salió a la terraza tenue mente iluminada del hotel para hablar con la banda, alguien levantó una lámpara para que la multitud pudiera ver su feo rostro. Lincoln dijo: «Amigos míos, cuanto menos me veáis más os gustaré». Lincoln era consciente de la sabiduría del consejo bíblico: «El que se humilla será exaltado».

5. Decir «nosotros» en lugar de «vosotros».

   Nunca adoptar una actitud condescendiente con los oyentes.

Hacerlos partícipes de la charla utilizando el «nosotros» en lugar de «vosotros».

El orador dice: «Cuando estéis preocupados, deberíais manteneros muy ocupados para no tener tiempo de pensar en vuestros problemas»; si únicamente se refiere a «vosotros», el orador trasmite la impresión de que está hablando en tono condescendiente a la audiencia.

En su lugar, puede decir: «Cuando *estemos* preocupados, *deberíamos* mantenernos muy ocupados a fin de no tener tiempo para pensar en *nuestros* problemas».

¿Se ve la diferencia? Cuando utilizamos la palabra «vosotros», nos volvemos ofensivos porque parece que hayamos adoptado una actitud de superioridad.

Una advertencia: el uso exclusivo de «nosotros» tiende a hacer que el orador suene igualmente condescendiente.

6. No hablar con «el ceño fruncido y un tono de voz increpante».

Debemos recordar que la expresión de nuestro rostro y nuestro tono de voz normalmente dicen más que nuestras palabras. Independientemente de si estamos hablando en privado o en público, no podremos hacer amigos con el ceño fruncido y la voz increpante.

Hay un antiguo proverbio chino que todos nosotros deberíamos grabarnos en la memoria y que dice: «Un hombre que no tenga la cara sonriente no debería abrir un comercio».

Dale Carnegie

7. Hablar en función de los intereses de nuestros oyentes.

Todos los oyentes están interesados profunda y permanentemente en ellos y en cómo solucionar sus problemas. Es todo lo que les interesa. Así, si les mostramos cómo ser más felices, cómo ganar más dinero, cómo dejar de preocuparse y cómo lograr lo que quieren, nos escucharán con mucho gusto, sin tener en cuenta el tipo de voz que tenemos, cómo respiramos, la postura que tenemos, la mirada, los gestos o el tipo de gramática que utilizamos.

Por ejemplo, cuando le preguntaron a una encargada de tienda cómo conseguía hacer amistades tan fácilmente y ganar tanto interés en sus conversaciones, respondió que simplemente le preguntaba a las personas: «¿Cómo accediste a tu profesión?». Entonces, centraba su conversación en la respuesta que le daban. Declaró que esta simple pregunta había hecho maravillas por ella, especialmente con personas desconocidas. Antes de dirigirse a un grupo, uno debe descubrir cuáles son sus principales preocupaciones y aludir a ellas en la conversación.

8. Disfrutar de la charla.

   A menos que disfrutemos hablando, ¿cómo podemos esperar que alguien disfrute escuchándonos? Sean cuales sean nuestros estados mentales y emocionales, están destinados a contagiarse. Si estamos disfrutando mientras hablamos, cantamos o patinamos, las personas que nos están observando o escuchando también van a divertirse. Los estados emocionales son tan contagiosos como el sarampión.

   Uno puede preguntarse: «¿Cómo puedo divertirme dando un discurso?». El secreto es sencillo: hablando sobre un tema del que nos hayamos ganado el derecho a hablar, algo que le dé brillo a nuestros ojos y sentimiento a nuestra voz.

9. No disculparse.

   Todos hemos oído hablar de oradores que empiezan diciendo algo similar a: «Ignoraba que debía dar esta charla hasta hace dos semanas, cuando el presidente me dijo que tenía que sustituir al director general».

¿Qué opina el lector de este comentario inicial? «Tan poco acostumbrado como estoy a hablar en público...» Estos oradores están disculpándose sin apenas haber empezado a dar su discurso.

Jamás deberíamos aceptar una invitación a dar una charla a menos que podamos dedicarle la preparación necesaria. Si lo hacemos lo mejor que podemos, no es necesario pedir disculpas. Al contrario, si no lo hacemos lo mejor posible, entonces las disculpas no son aceptables. Las disculpas por lo general son un desperdicio fastidioso del tiempo del público.

Sin embargo, si inevitablemente llegamos tarde por un retraso de nuestro avión, tren o por alguna razón igualmente válida, podemos explicar las circunstancias brevemente, disculparnos con cortesía y luego proseguir con la charla antes de perder más tiempo.

10. Recurrir a las emociones más nobles del público.

Inspirar al público a base de hurgar en estas importantes emociones no es fácil. Primero debemos estar sumamente conmovidos, y por lo general no siempre lo estamos tanto. A fin de lograr que los demás piensen como nosotros, debemos mostrarles cómo lo que proponemos les permitirá de alguna manera contribuir a reparar el mundo. Es aconsejable proporcionarles un ejemplo. Cuando Susan Earl estaba pidiendo contribuciones para su organización benéfica favorita, Heifer International, explicó que sólo una pequeña donación haría posible que una familia en la India se pudiera comprar una cabra para así disponer de leche para sus hijos y de un pequeño ingreso de la venta de los excedentes.

En cuanto se enciende esta chispa de emoción noble y la llama se mueve sobre un orador y una audiencia semejante, la incandescencia ardiente de esta experiencia se recordará durante mucho tiempo.

Es la era del espectáculo. El mero hecho de afirmar una verdad no es suficiente. La verdad tiene que ser vívida, interesante y llamativa. Uno tiene que usar la teatralidad. Las películas lo hacen. La televisión lo hace. Y uno tendrá que hacerlo si quiere que los demás le presten atención.

Dale Carnegie

11. Probablemente ningún otro científico que jamás haya existido fue criticado y acusado de una forma tan escandalosa como Charles Darwin por su teoría de la evolución. Sin embargo, nunca reaccionó ante estas críticas pronunciando una sola palabra cruel. Al contrario, dio las gracias justificando que su principal propósito en la vida era destapar el conocimiento y descubrir la verdad y que, cuando uno buscaba la verdad, dos mentes eran mejor que una. «Si estoy equivocado –dijo– cuanto antes me golpeen en la cabeza y me aniquilen, mejor.»
12. Ser sinceros.

    Ni siquiera toda la elocuencia del mundo puede compensar la falta de sinceridad e integridad. Para agradar al público, la sinceridad de nuestro propósito debe inspirarle confianza. Tal vez no esté de acuerdo con nuestras ideas, pero debe respetar nuestra creencia en ellas si somos efectivos.

    Debemos acoger las críticas y responder con respeto y humildad. Lo que somos dice más que lo que decimos. La sinceridad, la integridad, la modestia y la generosidad afectan profundamente a la audiencia.

    Simpatizamos mucho más un orador torpe que irradia sinceridad y generosidad que con un orador brillante que está tratando de impresionarnos con su elocuencia.

Presentar y dar las gracias a un orador

Si presidimos una reunión o servimos a un comité que ha invitado a un orador, probablemente debamos presentarlo al público. La presentación sirve como medio para separar lo que ya ha tenido lugar de lo que está a punto de presentarse. Crea el ambiente para que la audiencia le preste toda su atención a la persona que vamos a presentar y el tema que tratará.

La presentación también sirve para identificar los intereses comunes entre el orador y la audiencia. Prepara al público para aceptar al orador por sus creencias y por la relación entre lo que ofrecerá y lo que al público le interesa escuchar. Este método se denomina método TIO.

T – Primero, mencionar el *título* o *tema* de la presentación.

I – Identificar por qué este tema es importante o tiene *interés* para la audiencia.

O – Exponer las cualificaciones del *orador*. Éstas deberían determinar la credibilidad del orador para hablar sobre el tema que va a presentar. Luego anunciar su nombre.

Preparar una presentación

El método TIO no sólo es una manera efectiva de presentar a un orador; también deberíamos usarlo cuando tenemos que dirigirnos a un grupo. Debemos preparar una presentación escrita y asegurarnos de que la escribimos con las letras lo suficiente grandes para poderlas leer fácilmente desde la tribuna.

Debemos mostrarle la presentación a la persona que la hará con suficiente antelación y pedirle que la lea de principio a fin. Debemos responder cualquier pregunta que pueda surgir y animar a la persona que nos presentará a que sea breve y se muestre positiva y entusiasmada.

Presentarnos nosotros mismos

Cuando debemos presentarnos nosotros mismos, cambia un tanto la secuencia de los eventos. El primer detalle que damos debería ser nuestro nombre y nuestra empresa u organización. Luego, debemos exponer el tema del discurso y su importancia para el público. Al presentar nuestras cualificaciones, debemos indicar aquellos aspectos de nuestra formación que sean relevantes para el tema y la ocasión.

Dar las gracias a un presentador

Como presentadores de una reunión, podemos encontrarnos en posición de expresar nuestro agradecimiento a los oradores por sus presentaciones. Debemos dar gracias al orador reconociendo su contribución o el valor de su mensaje para la audiencia. El procedimiento debería ser breve. Básicamente, estamos dando las gracias en nombre de todo el equipo.

Pautas para agradecer a un orador con el método AID (agradecimiento, interés y declaración formal)

A – Primero, darle las gracias expresando su nombre.
I – Luego, citar un área específica de interés que haya mencionado en la presentación y que tenga significado para la audiencia.
D – Finalmente, hacer una declaración formal de agradecimiento al orador y, nuevamente, pronunciar su nombre completo.

Lo más importante

Claves para dar una charla efectiva

- Aprender lo máximo posible sobre el grupo al que nos vamos a dirigir.

- Saber, como mínimo, diez veces más sobre el tema respecto a lo que necesitaremos para la charla.
- Empezar con una anécdota que ilustre los puntos más importantes.
- Presentar evidencias que respalden nuestros argumentos.
- Prestar atención a nuestra manera de articular las palabras, nuestra gramática, nuestro tono de voz y nuestro ritmo.
- Incluir animaciones y cambios de voz.
- Plantear claramente la acción que deberían realizar los oyentes.
- Señalar el beneficio que supondrá para ellos realizar esta acción.
- Estar preparados para responder preguntas desafiantes.
- Mantener la compostura como profesionales cuando estemos sometidos a presión.
- Comunicarse con claridad, concisión y firmeza.
- Vender ideas estratégicas, autoconfianza y organización.
- Comunicarse con competencia y confianza.

Capítulo 4

Hacer excelentes presentaciones ante grupos

El objetivo de la mayoría de presentaciones de empresas es lograr una actuación de algún tipo. Puede ser que un cliente se comprometa a realizar una compra, que se tome una decisión para cambiar una práctica o procedimiento, que se acepte un plan o proyecto o que se emprendan acciones similares. Incluso las presentaciones que parecen ser simples «actualizaciones» persiguen algún tipo de decisión o acción de alguien.

A fin de obtener los resultados que buscamos en nuestra comunicación, nuestra presentación debe estar bien preparada. Debe empezar de un modo que consiga y mantenga el interés de nuestro público y termine de manera clara y capaz de motivar.

Tu objetivo es hacer que tus oyentes vean lo que tú viste, oigan lo que tú oíste, sientan lo que tú sentiste. Los detalles relevantes, redactados con un lenguaje concreto y atractivo, es la mejor manera de recrear el suceso tal y como ocurrió y de describírselo a los oyentes.

Dale Carnegie

¿Quién es el público?

Es tan difícil satisfacer las expectativas desconocidas de un público como dar en un blanco invisible. Puede lograrse, pero es una forma arriesgada de buscar el éxito. Parte del proceso de preparación consiste en investigar para reunir la siguiente información sobre la audiencia:

Conocimientos

Hay que descubrir cuánto sabe el público sobre la materia. «¿Está mejor informado que yo?» No debemos enfrentarnos nunca a un público que no esté preparado, pero tampoco caer en la trampa de asumir su ignorancia y dirigirnos a él en tono condescendiente.

Cuando el abogado Stanley L. inició su presentación frente a los supervisores del City National Bank sobre los cambios efectuados recientemente en legislación laboral, sirviéndose de una declaración detallada de las nuevas provisiones, advirtió que su público se mostraba aburrido e inquieto. En el primer descanso habló con algunas de las personas y descubrió que recientemente habían asistido a un seminario sobre este tema. Si Stanley hubiera hecho el esfuerzo de averiguar los conocimientos previos que tenían los supervisores sobre esta área, no habría decidido dedicar tanto tiempo a los conceptos básicos que ya sabían, sino a las ramificaciones legales, es decir, aspectos que no habían tratado en su formación previa.

Pericia

El nivel de maestría y sofisticación del público también es importante porque puede determinar nuestra posición sobre la cuestión que queremos tratar. Si el público está constituido por personas con formación profesional o técnica, el orador puede adecuar la presentación a su nivel. Si los oyentes son mayoritariamente trabajadores con formaciones específicas, podemos preparar ejemplos y técnicas de acuerdo con sus especialidades.

Experiencia

Esta consideración no se refiere únicamente a la experiencia que tiene el público, sino también hasta qué nivel y en qué entorno. La experiencia en un laboratorio es significativamente distinta de la experiencia en el campo o en la fábrica. Lo comprenderán mejor a través de ejemplos de los argumentos presentados que concuerden con su experiencia.

Necesidades

A fin de que los oyentes se vayan a sus casas con una sensación de satisfacción y alegría por haber estado allí, es necesario abordar sus necesidades. La teoría es importante cuando construimos pruebas, pero finalmente debemos mostrar cómo la teoría se puede trasladar a la acción.

Deseos

Los deseos del público son parecidos a sus necesidades, pero no siempre son lo mismo. Si sólo nos centramos en las necesidades, es difícil satisfacer a un público e impulsarlo a tomar medidas.

Sally L. dirigía una *boutique* de bolsos, joyas y accesorios costosos. Se sintió frustrada cuando el primer interlocutor del seminario al que asistió sólo habló de los principales requisitos para dirigir un establecimiento exitoso. Sus sugerencias eran razonables, pero no la entusiasmaron. Sin embargo, el segundo orador habló sobre lo que ella soñaba que sería un establecimiento perfecto. Estuvo sumamente atenta y emocionada porque no sólo expuso lo que necesitaba, sino también aquello que deseaba.

Objetivos

Debemos determinar los objetivos de nuestro público y tenerlos presentes mientras planeamos nuestra presentación. Antes de que Allan L., consultor de recursos humanos, preparara su discurso sobre los beneficios del trabajador dirigido a los empleados de recursos humanos de una empresa cliente, habló con el director acerca de los objetivos a corto y largo plazo que tenía para su departamento. De este modo, pudo orientar su presentación hacia estos objetivos en lugar de hablar en términos generales.

¿Cuál es el objetivo?

Una presentación sólo puede tener unos pocos objetivos. Los siguientes son los más aceptados:

Convencer

El propósito de muchas presentaciones es simplemente lograr que el público haga algo. El reto consiste en persuadirlo para que tome una decisión o para que adopte medidas.

Informar

Otro objetivo lógico consiste en proporcionar información para ilustrar a nuestro público. Este formato se basa en la claridad y la comprensión.

Motivar

Cuando el público necesita cambiar su opinión o llevar a cabo una acción impopular, el objetivo de la presentación es motivar. Este objetivo a menudo va de la mano del que consiste en convencer.

Entretener

En cierto modo, toda presentación debería entretener. A fin de que el público esté en un estado de ánimo favorable y esté abierto para que lo convenzan, aclaren o motiven, necesita estar entretenido. El entretenimiento no necesariamente tiene por qué basarse en el humor, a pesar de que éste pueda ser una parte importante. En el sentido más amplio del término, entretener a un público significa hacer que éste se alegre de haber estado allí y de que nosotros hayamos sido los presentadores.

¿Cuál es el mensaje?

Aunque parezca innecesario mencionar la importancia de tener un mensaje, desafortunadamente algunas veces las presentaciones no tienen ningún mensaje o, por lo menos, no resulta fácil descubrirlo.

Tal vez sean imprecisas sobre el tema o tengan tantos mensajes que sea imposible identificar el más significativo. Los buenos oradores saben cuál es el mensaje y lo tienen presente a lo largo de la preparación para que la presentación no se vaya por las ramas.

Ser creíbles

Como representantes de nuestra organización que tenemos que hablar ante un grupo –ya sean clientes, la Cámara de Comercio, una organización voluntaria sin ánimo de lucro o un comité legislativo– la impresión que damos es lo que determina cómo el público verá nuestra organización. Nuestros clientes o nuestro público se llevan una impresión de nuestra empresa a partir de nuestra capacidad para presentar nuestros argumentos. Las audiencias que asisten a charlas sobre empresas se resisten a creer lo que se dice sobre una empresa o un producto a menos que crean a la persona que está emitiendo el mensaje.

Los empresarios suelen cometer el error de exagerar la capacidad de su empresa, perdiendo así su credibilidad (y la de su empresa) para actuar o comunicar. Debemos presentar datos sobre nuestra empresa, pero nunca sin acompañarlos de los beneficios para la audiencia.

Iniciar una presentación

El inicio de una presentación difiere de su contenido. Su objetivo más destacado es lograr que la audiencia se interese por el orador y el mensaje. En su libro titulado *Tú eres el mensaje,* Roger Ailes afirma que el público se forma una impresión de nosotros en siete segundos. Ya sea buena o mala, «se está dando una impresión». En este actual mundo empresarial de ritmo vertiginoso, estos siete segundos son esenciales para ganar la confianza de nuestro público y dar credibilidad profesional. Si damos una mala primera impresión resulta difícil, si no imposible, corregirla en el tiempo que dura una presentación.

Con tantas cosas en juego, es crucial que nuestra audiencia nos vea auténticos, creíbles, profesionales y dignos de confianza. Esta simpatía empieza inmediatamente cuando iniciamos una presentación. Debemos trabajarnos la planificación y la presentación de una introducción. Seremos nosotros mismos si somos personales y naturales, trasmitimos confianza y nos ganamos el interés favorable de nuestra audiencia. Debemos empezar con algo que llame la atención inmediatamente. He aquí algunos ejemplos:

- «Todos tenemos la misma cantidad de un recurso muy importante: el tiempo.»
- «El año pasado se vendieron en Estados Unidos un millón de "aparatos", y ni una sola persona los necesitaba.»

Preguntas basadas en necesidades o intereses

- «Si hubiera una manera mejor de comercializar (nombrar el producto o servicio), estarían interesados, ¿no?»
- «Si les pudiera revelar una forma de evitar los ataques al corazón, seguramente querrían escucharla, ¿no?»

Declaraciones misteriosas

- «Cuando cruzáis vuestros brazos, ¿cuál está arriba: el derecho o el izquierdo?» (Este comienzo fue usado en un discurso sobre hábitos y la dificultad de modificarlos.)

- «El mejor activo de la empresa nunca aparecerá en el balance.» (Éste fue el comienzo de un discurso referente al valor de los trabajadores.)

Cumplidos

- «Su presidente me explicó su gran contribución a la mejora del espíritu de la comunidad y por eso los felicito. Esto muestra que ustedes son...» (El inicio de una charla dirigida a un grupo de trabajadores de la comunidad después del almuerzo.)
- «¡Mi enhorabuena por el aumento de ventas del 121 por 100 que obtuvieron el año pasado! Lo que esto demuestra de ustedes son...» (Dicho por un encargado de ventas en el inicio de una reunión.) Nota: Cuando empezamos con un cumplido, es mejor hacer un cumplido basándonos en algo concreto o factual y no simplemente en una impresión o en habladurías, pues podrían considerarse halagos deshonestos.

Suceso teatralizado

- «El jueves pasado por la tarde, cuando me acercaba a mi coche, vi un bonito y elegante coche deportivo que pasaba frente a mí. De pronto oí un chirrido de neumáticos. Una frenada firme aminoraba la marcha a medida que el coche descendía la antigua carretera de grava con enormes baches. Entonces se me ocurrió que esta situación era análoga a nuestro sistema de información de red. Con algunos de los software y equipos más modernos del mercado, estamos tratando de transmitir a través de un sistema cableado anticuado. De manera similar a este bonito coche deportivo, sólo a través de un nuevo cable de fibra óptica seremos capaces de sacar provecho de nuestro potencial rendimiento.»

Siempre hay tres discursos en cada uno que pronunciamos:
el que ensayamos, el que realizamos y
el que desearíamos haber pronunciado.

Dale Carnegie

El mensaje

En cuanto el inicio ha logrado captar la atención del público, es necesario establecer el tema o mensaje de la presentación. Como en una sinfonía de calidad, en la que el compositor revela el tema y luego procede a crear variaciones, el presentador presenta el mensaje y luego procede a desarrollarlo con datos, información y evidencia.

El comienzo está ideado para atraer la atención del público. La exposición del mensaje se centra en el tema. Puede ser una declaración de intención, como: «Ahora vamos a examinar los pros y los contras del nuevo proceso presupuestario». Puede ser una pregunta del estilo: «¿Cuáles son los pasos necesarios para conseguir un aumento del 10 por 100 en la cuota de mercado el año que viene?». Algunas veces la exposición del mensaje se presenta como una proposición lógica, por ejemplo: «Si… es cierto, entonces… también es cierto, y… es el resultado natural».

La evidencia termina con las dudas

Presentar pruebas es una parte esencial de una presentación efectiva. Las preguntas que se hallan en la mente del público, a pesar de que raras veces se formulen, son: «¿Por qué debería escucharte? ¿Por qué debería creerte? ¿Quién, además de ti, dice esto?». Cuando necesitamos convencer a los demás, una de nuestras principales herramientas es el uso de pruebas. En el capítulo 6 hablaremos sobre cómo desarrollar y utilizar la evidencia.

Terminar una presentación

El comienzo de una presentación debería crear una buena primera impresión. La conclusión debería solidificar una buena impresión duradera. Algunos ejemplos son:

Resumir en pocas palabras

- «En resumen, los aspectos clave a recordar son...»
- «Por lo tanto, la acción que debemos emprender es...»

Apelar a los motivos más nobles

- «Para el beneficio de la empresa.»
- «Por una sociedad mejor.»
- «Para disminuir el hambre.»
- «Su contribución puede salvar vidas.»

Lanzar un desafío

- «Depende de ustedes.»
- «Son los únicos que pueden lograr estos objetivos.»

Escenificar nuestras ideas

- Unas diapositivas que muestren el proyecto final.
- Una imagen que indique el progreso del equipo.
- Un obsequio o distintivo que se distribuya entre el público.

Repetir el aspecto más importante

- «... veremos nuestros objetivos cumplidos.»
- «... sus ingresos aumentarán un X por 100.»

Hacer una declaración que motive

- «No más preocupaciones financieras.»
- «Imaginen a sus hijos felices, sanos y seguros.»
- «Uno puede disfrutar de una hora más al día junto a su familia.»

Citar

- Usar citas directas que sean relevantes.
- Estar familiarizados con quienes estamos citando.

Hablar a nivel personal

- «Como han demostrado Susan y Betsy, podemos lograr este nivel de rendimiento.»
- «Si, como equipo, seguimos el ejemplo de Tom y John, lograremos nuestros objetivos.»

Sólo hay una manera... de lograr que alguien haga algo,
y consiste en hacer que la otra persona desee hacerlo.

Dale Carnegie

El espacio de preguntas y respuestas

Para abordar eficazmente el espacio de preguntas y respuestas, debemos comunicar claramente al inicio cuánto tiempo dedicaremos a preguntar y responder. Así contribuimos a que las preguntas y respuestas sean breves y vayan al grano.

La regla de oro es ser breves en las respuestas. En ocasiones es conveniente tomarse la libertad de dar una respuesta más larga, especialmente si no tuvimos el tiempo suficiente para desarrollar este aspecto en la presentación. Una respuesta corta también permite que se puedan hacer más preguntas.

Debemos asegurarnos de que nadie del público aprovecha el privilegio de preguntar para dar su propio discurso. Si empezara a ocurrir, debemos pedirle cortésmente a la persona que haga una pregunta. También es importante no dejar que una persona domine el espacio de preguntas. Es nuestra responsabilidad permanecer al mando.

Si no sabemos la respuesta a una pregunta específica, debemos decirlo. La honestidad se gana el respeto de los demás.

Iniciar el espacio de preguntas y respuestas

A una presentación generalmente le sigue un aplauso. En este momento simplemente se trata de decir: «Tengo diez minutos para responder a vuestras preguntas. ¿Quién tiene la primera?». Esta petición constata que esperamos preguntas y que ahora es el momento de oír la primera.

Tener una expresión expectante y levantar la mano muestra al público qué hacer a continuación. Debemos mirar a la persona que está preguntando, centrarnos en ella y demostrar buena capacidad de escuchar. Hay que mantener una expresión placentera y acoger la pregunta. Una vez escuchada y comprendida la pregunta, debemos dirigirnos al resto del público y repetirla a fin de ganar más tiempo para reunir nuestros pensamientos y asegurarnos de que todos han oído la pregunta. Sin embargo, probablemente lo más importante es que permanezcamos al mando y hagamos «nuestra» la pregunta.

Reformular la pregunta también nos brinda la oportunidad de quitarle el «veneno» o el «retintín» a la pregunta en caso de que ésta fuera la intención de un miembro hostil del público.

¿Qué podemos hacer si nadie hace ninguna pregunta? Algunas veces, el presentador invita a preguntar y el público no reacciona. Casi siempre, lo único que significa es que nuestros oyentes no están seguros de cuán «prudente» es preguntar. Realizar nosotros mismos la pregunta puede estimular al público. Por ejemplo, podemos decir: «Una pregunta que surge normalmente es...» y responderla.

Luego preguntamos: «¿Quién tiene la siguiente pregunta?». Esta actitud a menudo sienta las bases para más preguntas. No debemos tener miedo de unos pocos segundos de silencio. El público quiere llenar este silencio tanto como nosotros. Sin embargo, si aun así el público todavía se mantiene en silencio, debemos hacer otra pregunta y responderla. Dos veces es suficiente. Luego debemos dar las gracias por su atención o repetir el final de una presentación formal.

¿Cómo finalizamos el espacio de preguntas y respuestas?

Cuando sabemos que nuestro tiempo está a punto de agotarse, preguntamos: «¿Quién tiene la última pregunta?». Esta pregunta advierte al público de que el tiempo para responder preguntas está a punto de terminar. Cuando hemos respondido la última pregunta, debemos dar las gracias cortésmente al público por su interés, o si es apropiado, repetir el final de una presentación formal.

Uso de soportes visuales

Utilizar soportes visuales puede optimizar una presentación, aunque también puede introducir obstáculos que deben superarse para lograr una presentación excelente. Por este motivo, la esencia de la presentación siempre debe seguir siendo el presentador, no los soportes visuales.

El principal propósito de los soportes visuales es facilitarle al público la comprensión de la presentación. Nuestros soportes deberían respaldar nuestras presentaciones, no ser nuestras presentaciones. Los soportes visuales también pueden añadir color, efectos y estimulación a la presentación. Debemos escoger los soportes visuales en función del objetivo, el tamaño del público, la estrategia y el contenido del mensaje, la disponibilidad de recursos para prepararlos y el dinamismo de la presentación.

Considerar los soportes visuales cuando:

- Presentamos datos a un público, ya que pueden resultar difíciles de comprender. Si el material estadístico es significativo, tratar de comparar datos que no pueden verse es difícil, si no imposible. También puede ser aburrido.
- Enumeramos varios elementos o series de elementos. Si tienen que compararse o es necesaria una secuencia, resulta esencial poder visualizarlos. Ayuda a aclarar los pasos y facilita su retención.
- Explicamos un proceso complicado. Los soportes visuales permiten al público seguir la presentación a su propio ritmo. Dado que algunas personas perciben las relaciones más rápidamente que otras, los soportes visuales se adaptan a ambos estilos de aprendizaje.

La retención es importante. Sólo alrededor de un 20 por 100 de lo que se escucha puede recordarse posteriormente. Únicamente el 30 por 100 de lo que se observa puede recordarse, pero más del 50 por 100 de lo que se escucha y se ve puede recordarse luego. Utilizar soportes visuales no sólo hace que la presentación resulte más interesante, sino que además es un elemento importante que determina lo que absorberán y retendrán los oyentes.

Pueden utilizarse una variedad de soportes visuales. Debemos seleccionar y utilizar los que sean adecuados para el público, los argumentos de la presentación y para producir el mayor impacto. Las presentaciones varían desde las que utilizan equipos de alta tecnología hasta las que utilizan rotafolios o pizarras.

Con el desarrollo de programas potentes y fáciles de utilizar y los avances y la disponibilidad de proyectores, las presentaciones por ordenador se están convirtiendo en la norma entre los profesionales. El programa PowerPoint, de Microsoft, actualmente se utiliza mucho por su simplicidad y capacidad de facilitar la creatividad en la preparación del material visual.

Las presentaciones por ordenador pueden prepararse por anticipado o crearse delante del público dependiendo del equipo, la información y el dominio del presentador. Los paneles de LCD y los proyectores portátiles permiten que las presentaciones por ordenador puedan trasportarse y realizarse casi en todas partes.

Con tantas presentaciones que se llevan a cabo tanto en la esfera de los negocios como en la educativa, y con tantos datos generados y almacenados en ordenadores, es natural que los ordenadores jueguen un papel en la creación de soportes visuales.

Formatos de los soportes visuales

Tanto si el soporte visual se prepara por ordenador o por otros medios, hay muchas maneras de presentar la información:

- *Gráfico de barras o circular:* los diagramas o gráficos pueden destacar y simplificar grandes cantidades de información para los oyentes. Los soportes visuales permiten que el público se centre y cristalice las ideas rápidamente, de modo que los diagramas y gráficos bien diseñados pueden acelerar la toma de decisiones, proporcionando a menudo el beneficio adicional de acortar las reuniones, generalmente para el deleite de todos.

Un diagrama de barras puede utilizarse para comparar dos elementos, como el total de beneficios en dos años. También pueden utilizarse para comparar tres o cuatro elementos, por ejemplo, cómo una empresa se compara con sus competidores más próximos.

Para representar cambios a lo largo de un período, es conveniente utilizar un gráfico de líneas. Resulta eficaz para detallar el rendimiento de una empresa de un mes a otro o de un año al siguiente. Permite que los presentes identifiquen las tendencias.

Cuando necesitamos mostrar la composición de un elemento complejo, como el tamaño relativo de varias partes de un todo, es ideal utilizar un diagrama circular. Estos diagramas rápidamente transmiten la estructura general al representar gráficamente las relaciones proporcionales entre las partes.

- *Vídeo:* Los ejemplos, las explicaciones y las demostraciones de mayor calidad presentadas de manera profesional son posibles gracias al uso de vídeos. El formato y el precio del material hacen que las presentaciones por vídeo resulten prácticas para una variedad de presentaciones. La grabación, reproducción, envío, visionado, edición e impresión de las imágenes de vídeo son sencillas, prácticas y económicas. Los vídeos bien pueden usarse para toda la presentación o bien se pueden usar segmentos de vídeos de cinco y diez minutos para ilustrar ciertos argumentos de una presentación preparada principalmente con otros medios. Pueden comprarse o alquilarse vídeos de una amplia variedad de materias. Podemos comprobar cuáles están disponibles a través de Internet o en una biblioteca.
- *Diapositivas de 35 mm:* a pesar de que las presentaciones por ordenador han hecho innecesarias las diapositivas de 35 mm, muchas personas todavía las consideran apasionantes, estimulantes y prácticas. Es un medio aceptado para mostrar imágenes fijas en color y tridimensionales. Como el vídeo, las diapositivas son más efectivas cuando se limitan a segmentos de entre diez y quince minutos de la presentación.

- *Trasparencias:* cuando tenemos que dirigirnos a un público poco numeroso o cuando no disponemos de la tecnología informática, una herramienta sencilla para hacer la presentación es un retroproyector. Las trasparencias pueden crearse fácilmente con antelación y los oradores pueden escribir información adicional en ellas como parte de la presentación.
- *Rotafolios:* los rotafolios constituyen un soporte visual espontáneo para una presentación y normalmente contienen la información que proporciona el público; por lo tanto, tienen mucha credibilidad. Pueden prepararse antes de la reunión o frente a la audiencia. Este medio semipermanente puede proporcionar recordatorios continuos de los argumentos tratados durante la sesión o el proceso de formación. Las hojas del rotafolio pueden colgarse por la sala para que los participantes puedan consultarlas cuando lo deseen.
- *Pizarras blancas*: las pizarras blancas de porcelana, en las que se puede escribir con colores bastante vivos y borrar fácilmente, han reemplazado a las antiguas pizarras verdes o negras. La utilidad de las pizarras blancas está sujeta al tamaño del grupo, pero es útil para actividades de participación espontánea, como la tormenta de ideas.

Folletos

En la presentación podemos distribuir información adicional y resúmenes. Normalmente se utilizan para proporcionar datos complementarios, hojas de cálculo, esquemas o cuestionarios. Es aconsejable que estén bien diseñados e impresos porque traen consigo la reputación del presentador. Si los folletos tienen el objetivo de que los participantes se ahorren el tomar apuntes, deberíamos distribuirlos al inicio de la presentación e informar al público sobre ello.

Si su propósito es complementar lo que presentamos, deberíamos entregarlos al término de la presentación.

Los folletos pueden proporcionar más detalles de la información presentada. Pueden comunicar información más allá de los temas presentados mediante los soportes visuales; información que puede ser de interés para los miembros del público pero que no se puede tratar en el tiempo asignado para la presentación, como pueden ser referencias, fuentes, estudios de casos y textos encuadrados.

Lo más importante

He aquí algunas de las indicaciones de Dale Carnegie para hacer presentaciones extraídas de su libro *Public Speaking For Success:*

- El inicio de un discurso sumamente importante no debería dejarse en manos de la suerte. Es aconsejable prepararlo detenidamente con antelación.
- Mostrar cómo aquello que queremos que las personas acepten es similar a aquello en lo que ya creen.
- Utilizar ejemplos específicos y citar casos concretos.
- Impregnar el discurso de frases y palabras que sean capaces de crear imágenes mentales.
- El final de un discurso es el elemento más estratégico. Lo último que se dice es lo que probablemente se recordará durante más tiempo.
- Resumir, repetir y destacar brevemente los principales asuntos que hemos tratado.
- Estar preparados para responder preguntas del público. Repetir la pregunta antes de responderla.
- Pedir al público que tome ciertas medidas. Asegurarnos de que sabe lo que queremos que haga.
- Lograr un buen final y principio y unirlos. Siempre detenernos antes de que el público nos lo pida. «El punto de saciedad se alcanza poco después del pico de popularidad.»

Capítulo 6

Sacar lo mejor de una discusión

La palabra discusión puede definirse de varias maneras. Un significado es desacuerdo, en el cual se expresan distintos puntos de vista, a menudo con enojo. En lo que se refiere a esta definición, Dale Carnegie estaba en lo cierto cuando escribió que: «La mejor manera de sacar lo mejor de una discusión es evitarla». Una discusión airada sólo puede llevar a una situación en la que nadie sale ganando. Otra definición de discusión, sin embargo, es un *debate* o *coloquio* sobre alguna cuestión. Cuando consideramos la discusión en este contexto, con preparación y dedicación, podemos lograr un buen resultado para todos.

Vender una idea a otra persona –a un jefe, a un subordinado, a un cliente o a un compañero de trabajo– es, en esencia, una discusión para persuadir a aquella persona a que acepte lo que le estamos presentando. El objetivo es, de algún modo, cambiar la forma de pensar o de reaccionar de esta persona sobre un asunto específico.

Cuando nos preparemos para vender una idea –ya sea a nuestro jefe o a nuestros socios– podemos seguir los principios que utilizan los buenos vendedores para vender. Primero, lograr la atención del oyente. Una forma efectiva de hacerlo es mediante una pregunta desafiante. Descubrir los problemas a los que se enfrenta la persona y centrarnos en ellos. Por ejemplo, si el servicio al cliente es una de las preocupaciones más importantes, podemos preguntar: «¿Si hubiera una forma de mantenerse al tanto de la satisfacción de sus clientes sin aumentar su plantilla, le gustaría saberla?»

Esta pregunta debería atraer su atención; en este momento ya estamos preparados para presentar la evidencia que demuestre que nuestra idea lo logrará.

Las pruebas deben ser fieles al tema y, por descontado, significativas para los oyentes. He aquí siete tipos de pruebas que se han demostrado ser efectivas:

Demostraciones (mostrar cómo funciona)

Ejemplos (experiencias personales o de otras personas)

Hechos (aspectos específicos, verdaderos y demostrables)

Exposiciones (un diagrama, gráfico, una imagen, un esquema o cualquier otro objeto tangible)

Analogías (relacionar una idea compleja con algo más simple y fácil de entender)

Testimonios de expertos (citar una fuente reconocible o creíble)

Estadísticas (cifras que indiquen aumentos, disminuciones, cambios de porcentaje, comparaciones, tendencias y sumas).

Aquellos que están convencidos en contra
de su voluntad todavía sostienen la misma opinión.

Dale Carnegie

Las doce reglas para discrepar agradablemente

Sin duda, cuando interactuamos con los demás van a darse situaciones en las que estaremos en desacuerdo con una o más personas.

Expresar nuestro desacuerdo no tiene por qué ser antagónico. El tacto, la tolerancia y la comprensión nos permitirán discrepar sin ser desagradables.

Regla n.º 1: Otorgar a los demás el beneficio de la duda

Quizás la persona que hizo esta terrible generalización no es realmente insensible. Tal vez esta persona haya tenido una experiencia dolorosa que le hizo reaccionar de forma exagerada. Cuando la empresa en la que trabajaba Susan propuso a los empleados que, en lugar de reducir la plantilla para recortar significativamente los gastos, se redujera el sueldo de todos los trabajadores, Susan se opuso firmemente. Argumentó que los trabajadores más productivos no deberían sacrificarse para que los trabajadores menos productivos pudieran mantener su empleo. Cuando indagamos más para determinar por qué era tan inflexible, descubrimos que en su anterior empleo había aceptado una solución similar para recortar gastos y que, en menos de un año, ella y otros trabajadores fueron despedidos de todos modos. Sólo fue posible convencer a Susan para que cambiara de opinión asegurándole que nuestra empresa era lo suficiente solvente para evitar esta situación.

Regla n.º 2: Escuchar

Después de darle a alguien el beneficio de la duda, debemos escuchar para saber y comprender verdaderamente por qué esa persona tiene esta creencia. Debemos permitir que esta persona sepa que la hemos escuchado y que estamos tratando sinceramente de ver las cosas desde su punto de vista.

Regla n.º 3: Cuando discrepamos con alguien, siempre debemos responsabilizarnos de nuestros propios sentimientos

Debemos comprometernos a responder con argumentos que empiecen por «yo». Cuando empezamos con «tú» suena como si estuviéramos culpando y buscando polémica, y esta actitud hace que la otra persona se ponga a la defensiva y disminuya la posibilidad de que escuche nuestro punto de vista.

Regla n.º 4: Suavizar el lenguaje

Comunicar o «suavizar» una opinión distinta empezando con «Comprendo lo que dices...» o «Aprecio tu punto de vista sobre...». Nuevamente, empezar con la palabra «yo» y no «tú has dicho...» o, de lo contrario, sonará polémico.

Por ejemplo: «Entiendo tu preocupación por el hecho de que esto podría aminorar el proceso, pero he examinado todas las repercusiones de este nuevo enfoque... (y luego reformular cómo el método propuesto compensará el retraso inicial)».

Regla n.º 5: Ser educados

Recordar que nuestro objetivo es convencer a la otra persona para que piense como nosotros. Jamás podremos conseguirlo si somos desagradables o maleducados. Denigrar a la otra persona con un humor sarcástico o condescendiente no lo logrará.

Uno no puede lograr que los demás piensen igual imponiéndoles ciertas ideas. Harold era una persona muy egoísta que siempre estaba seguro de que tenía razón, y luchaba con dureza –sin limitaciones– para imponer sus argumentos. Golpeaba la mesa, gritaba y contrariaba a sus oponentes con su arrogancia.

Tal comportamiento no sólo hace sentir incómodos a todos los integrantes de un grupo, sino que también resulta en discusiones largas e infructuosas. Incluso aunque sus ideas fueran realmente buenas, su conducta frustró su objetivo. Si hubiera sido educado y diplomático, el público habría aceptado rápidamente sus excelentes ideas.

Regla n.º 6: Eliminar la palabra «pero» o «sin embargo» de nuestro vocabulario

Agradecer el punto de vista de la otra persona con un «pero» o un «sin embargo» destroza todo agradecimiento. En su lugar podemos decir: «Y…» o esperar un momento en silencio y luego contribuir con nuestra idea u opinión empezando con:

- «Hablemos también de…»
- «Qué le parece este enfoque…»
- «Qué ocurriría si…»
- «Ha pensado alguna vez si…»
- «Compare esta idea con esta otra…»
- «Es una perspectiva interesante.»
- «No lo había pensado de este modo.»
- «Me alegro de que estemos de acuerdo en…»

Regla n.º 7: Exponer nuestro punto de vista u opinión con pruebas relevantes

Dejar las emociones a un lado y tomarnos tiempo para reflexionar. Preguntarse a uno mismo: «¿Qué pienso? ¿Por qué lo pienso? ¿Qué pruebas tengo para respaldar mi perspectiva?».

Regla n.º 8: permitir que la otra persona guarde las apariencias

Dale Carnegie nos enseñó que para ganar amigos e influir en las personas debemos reconocer y respetar siempre sus peculiaridades. No debemos olvidar esto cuando nos enfrentemos a desacuerdos. Es importante que nunca hagamos sentir inferiores a aquéllos con quienes no estamos de acuerdo, incluso aunque sus argumentos no sean válidos.

Phil era una de esas personas a las que le encantaba señalar los errores de los demás. En las reuniones se abalanzaba sobre cualquier error y se regodeaba con su «superioridad». Phil no sólo quedó mal delante de sus compañeros; también se molestaron otros miembros del grupo. Un comportamiento así destruye el espíritu de equipo.

Regla n.º 9: Ser conscientes de la sensibilidad de las personas

Algunas personas son muy sensibles. Ashley es una de ellas. No acepta fácilmente las críticas y se pone a la defensiva cuando sus ideas son rechazadas. Debemos ser conscientes de esta sensibilidad para poder corregir o mejorar la situación con especial cuidado.

En lugar de señalar las áreas en las que discrepamos, primero deberíamos halagar a Ashley por todas las buenas propuestas de su programa y luego preguntarle acerca de las áreas con las que no estamos conformes. Esta actitud animará a Ashley a repensarse la situación y analizar cómo puede mejorarla.

Con preguntas, más que con críticas, podemos conseguir lo mejor de nuestros empleados sin que se resientan. El trabajador descarta sus propias malas ideas y está dispuesto a surgir con planteamientos mejores. Ello dará como resultado el perfeccionamiento de las habilidades creativas de nuestros trabajadores y la obtención de ideas más innovadoras que aumenten la efectividad de nuestro departamento.

Tener en consideración las opiniones de los demás.
Permitirles que mantengan su sensación de importancia.

Dale Carnegie

Regla n.º 10: dar a la otra persona la oportunidad de solucionar la situación

Cuando Stephanie habló con Harry sobre su tardanza continua, no empezó con una diatriba sobre lo mucho que afectaba al trabajo de toda la sección el hecho de que llegara tarde ni le dijo que no podía tolerarlo. En su lugar, preguntó:

—¿Qué puedes hacer para llegar puntual de ahora en adelante?

Al permitir que Harry surgiera con una solución a su propio problema, no sólo reafirmó la fe de los supervisores en los empleados, sino que también los animó a pensar sobre sus problemas y tomar sus propias decisiones para abordarlos. Las personas tienden a seguir las soluciones que ellas mismas sugieren con más compromiso y entusiasmo que aquellas que se les imponen.

Hay ocasiones, especialmente cuando el problema está relacionado con el rendimiento laboral, en las que los supervisores deben ser muy concretos cuando llaman la atención a los trabajadores sobre alguna deficiencia. En estos casos deben proponer las mejoras en términos positivos. No se debe decir: «Tu trabajo es poco riguroso». Es mucho mejor mostrar ejemplos específicos de su trabajo que no han alcanzado las cuotas y luego preguntar qué puede hacer para superar estas deficiencias. Es aconsejable reiterar nuestra confianza en el trabajador y ofrecer cualquier asistencia que pueda ayudarlo. Cabe recordar que el objetivo es ayudar al empleado para que aprenda a ser un trabajador mejor.

Regla n.º 11: terminar con un tono positivo

Cuando Stephanie le pregunta a Harry qué puede hacer para llegar puntual al trabajo, él acuerda ponerse el despertador a las 6:15 en lugar de a las 6:30 a partir de entonces para así poder evitar los retrasos ocasionales por el tráfico que han causado su tardanza.

Stephanie está de acuerdo en que esta medida debería mitigar el problema.

—Harry, confío en que vas a mantener tu compromiso y que, de ahora en adelante, llegarás puntual. Tu contribución a nuestro equipo es importante y esta decisión asegurará que mi confianza en ti no está mal depositada.

Lo más importante, uno debe apoyar y ayudar a la otra persona a superar cualquier obstáculo que haya causado el problema. De este modo crearemos personas cooperativas y productivas que serán empleados muy valiosos para el departamento.

Regla n.º 12: proporcionar una respuesta constructiva

La eficacia de la comunicación se puede mejorar cuando cada parte obtiene una respuesta honesta de la otra. A nadie le gusta que lo critiquen, pero una crítica constructiva, si se hace de manera diplomática, puede ser una contribución importante para mejorar.

He aquí algunas sugerencias para hacer observaciones de un modo más aceptable a los demás:

1. Informarse bien.
2. Abordar la situación de inmediato y en privado.
3. Centrarse en la actuación o conducta, no en la persona.
4. Halagar sinceramente a la persona en primer lugar.
5. Primero empatizar y luego criticar. Revelar nuestros propios errores similares y decirle a la persona qué hicimos para corrigirlos.
6. Utilizar nuestras habilidades sociales. No dar órdenes; al contrario, preguntar y sugerir.
7. Mostrar los beneficios que se obtienen de cambiar el comportamiento.
8. Terminar con un tono amistoso y acordar cómo seguir adelante.

Cuando es uno quien recibe los comentarios, debe tener presente que el objetivo de la otra persona es ayudarla, no criticarla:

1. Mantener la calma y escuchar a la persona.
2. Asegurarse de comprender claramente el problema.
3. Estar abierto a la autosuperación y el cambio.
4. Confiar en que la persona que le está haciendo los comentarios tiene buenas intenciones.
5. No reaccionar a la defensiva.
6. No dar excusas. Si existen circunstancias atenuantes, especificarlas como hechos, no como opiniones.
7. Agradecer a la persona por los comentarios.
8. Acordar cómo seguir adelante.

Se debe elogiar a las personas
por lo que hacen bien y luego ayudarlas gradualmente
a superar sus deficiencias. Este método funcionará en una oficina,
fábrica, en el propio hogar, con nuestro cónyuge, hijos, padres
y con casi cualquier persona del mundo.

Dale Carnegie

Solucionar los problemas

Solucionar problemas es una parte importante de la mayoría de trabajos directivos. Los supervisores deben abordar problemas que afectan al funcionamiento, la producción, la calidad, el personal y algunas veces las áreas de marketing y las financieras. El recurso más utilizado para tratar con estos problemas es la experiencia previa del gerente. Si ha estado ocupando su puesto de trabajo durante un período de tiempo dado, es posible que hayan surgido problemas similares en el pasado. Al aplicar lo que funcionó anteriormente hay bastantes posibilidades de que vuelva a dar buenos resultados.

Desafortunadamente no siempre ocurre así. Algunas veces una solución que ha tenido éxito en el pasado puede no ser efectiva en el presente. Aunque parezca tratarse del mismo problema, las circunstancias pueden ser distintas de algún modo. A fin de evitarlo, antes de abordar un problema primero debemos asegurarnos de cuál es el problema realmente.

Aclarar el problema

Un importante fabricante de frigoríficos había perdido una parte significativa de su mercado a causa de un competidor. Anteriormente, cuando la cuota de mercado bajaba se debía a una mayor publicidad de los competidores implicados, y para solucionarlo, aumentaba su propia publicidad. Sirviéndose de esta experiencia previa desarrollaron una buena campaña publicitaria para compensar la actual pérdida. Para su sorpresa, la campaña no ayudó en absoluto; de hecho, la cuota de mercado seguía descendiendo.

Estudios posteriores mostraron que esta vez el competidor no había hecho ninguna publicidad inusual, sino que había aumentado el margen de beneficio de los minoristas. Esta medida era un incentivo para que el vendedor promocionara el producto de su competidor, incluso cuando el cliente visitaba la tienda a raíz de la nueva campaña. Habían atajado mal el problema. Primero hay que estudiar el problema e indagar cuál es verdaderamente, pues tal vez no se trate del que a primera vista parece evidente.

¿Cuáles son las causas del problema?

A menudo, cuando buscamos la causa de un problema sólo vemos la punta del iceberg. El problema es mucho más profundo. Tenemos un sarpullido que pica. El dermatólogo nos receta un bálsamo y lo utilizamos. El picor cesa; el sarpullido desaparece. Pensamos que el problema está solucionado, pero dos semanas después aparece de nuevo. ¿Qué ha ocurrido? El médico trató el síntoma: el sarpullido.

Es cierto que el sarpullido era un problema real, pero no era la verdadera causa del problema, que podría ser una alergia o cualquier otro tema médico. A fin de encontrar la verdadera causa o causas de los problemas en nuestro trabajo, debemos buscar los «elementos críticos» a partir de los cuales ha surgido el problema. Esto precisa de un estudio más profundo y un análisis más meticuloso.

Elaborar varias soluciones posibles

Normalmente, cuando nos enfrentamos a un problema, pensamos en una solución inmediata y nos apresuramos para ponerla en marcha. Sólo porque se nos ocurra inmediatamente una posible solución no significa que sea la mejor. Es mucho mejor considerar varias soluciones posibles antes de decidir cuál escogeremos.

Debemos tener la mente abierta y pedir a las personas más cercanas al problema que nos expliquen sus sugerencias, como las personas que trabajan con la situación y que estarán implicadas en la implementación de la acción que se tome. Podemos acudir a los expertos de la empresa (o fuera de la empresa si es necesario) para beneficiarnos de su experiencia y conocimiento.

Debemos ser creativos. Las personas son más creativas de lo que creen. Si utilizamos este poder oculto que tenemos en nuestro interior, descubriremos conceptos innovadores que pueden solucionar nuestros problemas.

Determinar la mejor solución

En cuanto se han elaborado varias alternativas, debemos sopesar todos los elementos y decidir cuál es la mejor. Para lograrlo es necesario revisar el problema y determinar qué debe cumplir la solución elegida a fin de solucionarlo.

Podemos enumerar aquellos aspectos que sean absolutamente esenciales para la solución, como el máximo coste, los límites temporales, el uso de personal y de otros recursos. Luego enumerar aquellos aspectos que no sean esenciales pero que harán que la solución escogida sea incluso mejor que si sólo se cumpliera con lo esencial.

Cuando los peluqueros de New Wave estaban buscando un nuevo local, enumeraron los factores esenciales para tomar la decisión:

1. El nuevo local debía estar en un centro comercial concurrido.
2. No debía tener menos de 1200 m^2.
3. El alquiler no podía sobrepasar más de X dólares al mes.
4. Se podría abrir el local, como máximo, seis meses más tarde.

Tendrían en cuenta si:

1. Por ese precio el local tuviera 1400 m^2.
2. El propietario pagara los costes de la redecoración.
3. No hubiera más peluquerías en el centro comercial.
4. Hubiera tiendas de alta costura en el centro comercial.

Estos últimos cuatro factores son de preferencia.

New Wave no debería considerar ningún local a menos que cumpla con todos los factores esenciales. Entonces, si sopesa los distintos factores de preferencia, puede determinar cuál es el local que más le conviene.

Actuar

En cuanto se ha tomado la decisión hay que ponerla en marcha. Debería asignarse un papel a cada persona implicada en llevar a cabo la solución, reunir los recursos y empezar a actuar. Como directores, deberíamos estar al mando de la situación. Si hay algunos trabajadores que no estén entusiasmados con la solución, debemos «vendérsela». Cabe estar disponibles para ayudar a los implicados a comprender y demostrarles lo que deben hacer y a ayudarlos cuando lo necesiten.

Seguimiento

Hay veces en las que la naturaleza del problema requiere una solución para la cual la empresa debe comprometerse durante largos períodos de tiempo (por ejemplo, cuando se traslada a un nuevo local). Si la solución elegida no funciona, no hay mucho que pueda hacerse para salvarla. Por consiguiente, en tales situaciones, el análisis del problema debe llevarse a cabo con la máxima capacidad. Afortunadamente, la mayoría de problemas con los que se encuentran los supervisores no son tan permanentes y pueden invertirse si no funcionan.

Cuando se pone en marcha una solución así, cabe preguntarse: «¿Cuánto se tardará en determinar si esta solución funciona?». Luego, hay que fijar una fecha de seguimiento acorde. Debemos evaluar lo que ha ocurrido y si no ha solucionado el problema, abandonar la solución y seleccionar otras alternativas. No hay ningún motivo para quedarse con una solución que no es efectiva cuando hay otras alternativas por probar.

Quejas de clientes

Hasta que no se invente un producto, empresa u organización perfecta, vamos a tener que lidiar con opiniones negativas de nuestros clientes. Es inevitable que surjan problemas, como también lo es el hecho de que algunas personas que se quejen serán difíciles de complacer.

Además de aplicar los principios explicados anteriormente en este capítulo, podemos resolver de manera efectiva las quejas, construir relaciones y mejorar la lealtad y conservación de clientes a partir del siguiente proceso que consta de ocho pasos:

1. *Recibir.* Siempre responder al teléfono o saludar a los demás en persona, como si estuviéramos contentos de saber de ellos.

Iniciar la interacción de forma amistosa. Es algo fácil de decir, pero puede ser difícil de hacer. Necesitamos ser capaces de vivir en «compartimentos estancos» y separar cualquier experiencia negativa de este contacto con los clientes. Por mucho que el cliente esté quejándose constantemente, debemos tratar únicamente del asunto actual.

2. *Escuchar*. Con frecuencia recibimos el mismo tipo de quejas, de manera que escuchar realmente a las personas se convierte en un reto. Debemos darles la oportunidad de descargar parte de su frustración. Hay que ser empáticos y estar atentos no sólo a los hechos, sino también a los sentimientos. Es aconsejable resistir la tentación de empezar a responder demasiado pronto y demostrar que estamos escuchando atentamente con breves interjecciones o repeticiones de los comentarios del cliente.
3. *Preguntar*. Hacer preguntas para aclarar el tema. Es importante reconocer la necesidad de evitar responder hasta que hayamos comprendido exactamente los asuntos que preocupan al cliente.

   Las preguntas elementales captan los aspectos básicos del problema, dándonos la oportunidad de quitar parte de la emoción de la queja. Por ejemplo: «¿Cuándo empezó a darse el problema?» Las preguntas elaboradas reúnen más detalles y le dan al cliente la oportunidad de extenderse en sus asuntos y sentimientos. Este tipo de preguntas deben ser relativamente cortas para animar al cliente a hablar más. Por ejemplo: «Cuénteme, ¿qué salió mal?» Las preguntas evaluativas nos ayudan a comprender la severidad del asunto en la mente del cliente. Por ejemplo: «¿Qué desearía que hiciéramos al respecto?» Con estas preguntas evaluamos los pasos que deberíamos dar para satisfacer al cliente.
4. *Empatizar*. Hallar un punto de consenso con la persona. Esto no significa necesariamente que estemos de acuerdo con la queja del cliente. Debemos mostrar al cliente que hemos oído y comprendido el asunto y que reconocemos la importancia que tiene para él o ella.

5. *Dirigirse al asunto.* Ahora que ya se han abordado los aspectos emocionales, deberíamos hacer todo lo que esté en nuestras manos para resolver los aspectos prácticos de la queja. Debemos asumir la responsabilidad de las actuaciones de nuestra empresa. Si necesitamos ayuda para volver a ponernos en contacto con el cliente, debemos hacerlo rápidamente. Es nuestra oportunidad para hacer de las piedras pan. Las personas que resuelven sus problemas satisfactoriamente tienden a seguir haciendo negocios con nosotros.
6. *Preguntas de evaluación.* Es aconsejable hacer preguntas para evaluar si hemos resuelto bien los aspectos emocionales y prácticos de la queja. Debemos darle al cliente otra oportunidad para hablar.
7. *Ofrecer ayuda complementaria.* Preguntar qué más podemos hacer por el cliente. Esta actitud permite separar la conversación de la queja, lo cual facilita finalizar con un tono positivo.
8. *Seguir hasta el final.* Muchas veces las quejas no pueden resolverse por completo en el primer contacto. Incluso aunque se haya resuelto la reclamación, debemos crear un motivo para volver a contactar con el cliente. Por ejemplo, encontrar la forma de darle más importancia. También debemos buscar maneras de resolver las causas profundas de los problemas dentro de nuestra empresa.

Tratar con personas negativas

En casi todas las empresas encontraremos personas que son negativas con cualquier nueva sugerencia. Siempre que proponemos algo, ellas están en contra. Constantemente tienen un motivo para afirmar que no podemos lograr aquello que queremos conseguir.

Las razones de su negativismo son variables. Puede provenir de algún maltrato real o percibido de la empresa en el pasado. Si éste es el caso, debemos investigar el asunto. Si la persona tiene razones justificadas para ser negativa, entonces debemos tratar de convencerla de que el pasado es pasado y de que debe mirar hacia el futuro. Si existen ideas equivocadas, debemos tratar de aclararlas.

El negativismo normalmente está arraigado en factores estables de la personalidad que superan la capacidad de cualquier director para solucionarlo. En este caso, es necesaria ayuda profesional.

¡Detente! ¡Observa! ¡Escucha!

Una buena pauta para tratar con personas negativas es conocer sus argumentos y persuadirlas para colaborar con nosotros a fin de superar sus problemas percibidos para que el proyecto pueda avanzar. Debemos hacer que la persona sea parte de la solución en lugar de un problema adicional.

He aquí algunos de los problemas que causan las personas negativas:

Resistencia al cambio. Incluso las personas con una actitud positiva son reacias al cambio. Les resulta cómodo seguir haciendo las cosas como siempre lo han hecho. Se puede convencer a las personas positivas sobre la necesidad del cambio si les proporcionamos argumentos lógicos. Al contrario, las personas negativas se resisten al cambio simplemente por el hecho de resistirse. Ningún argumento puede hacerlas cambiar de opinión. A menudo hacen todo lo posible para sabotear una situación con el propósito de que los nuevos métodos no funcionen y puedan decir: «Te lo dije».

Impacto sobre la moral del grupo. Del mismo modo que una manzana podrida puede estropear todo el frutero, una persona negativa puede destruir la moral de todo el equipo. Dado que el negativismo se expande de una persona a otra, resulta difícil mantener el espíritu de equipo bajo estas circunstancias.

Cuando presentamos ideas nuevas a personas negativas, debemos dejar que expresen abiertamente sus objeciones. Podemos decir algo similar a:

—Has planteado buenos argumentos y te lo agradezco. A medida que avanzamos en este nuevo programa tenemos que ir con cuidado con estos problemas. Sin embargo, hay que darle una oportunidad a esta nueva idea. Si colaboras conmigo, juntos resolveremos los contratiempos.

Personalidades negativas

Anita desborda negativismo. No es por lo que dice, sino por cómo actúa. Se toma cualquier sugerencia como una ofensa personal y asume cualquier nueva tarea con tanta renuencia e irritación que repele a todo el personal.

Las personas como Anita normalmente no se dan cuenta del efecto que su actitud tiene en los demás. Probablemente actúan de este modo tanto en su vida personal como en el trabajo. Son el tipo de personas que no se llevan bien con su familia, tienen pocos amigos y siempre son los disidentes. Un buen comienzo para tratar con estas personas es tener una charla seria con ellas para hacerles saber cómo su actitud afecta la moral del grupo. Sorprendentemente, muchas personas negativas ignoran que su comportamiento es perjudicial para los demás. Podemos sugerirles que se inscriban a un programa de superación personal como el Curso de Dale Carnegie. Estos programas han ayudado a muchas personas a superar el negativismo y no sólo a mejorar su rendimiento laboral, sino también los demás ámbitos de su vida.

Trabajar para lograr una situación en la que todos salen ganando

Si no todos salen ganando, en realidad nadie está ganando verdaderamente. Crear «perdedores» resulta, en última instancia, en la pérdida de clientes, trabajadores, grupos de trabajo antagonistas y empresas que funcionan por debajo de su potencial.

Con una preparación cautelosa y teniendo presente las mejores técnicas para tratar con las personas, podemos presentar y vender nuestras ideas a los demás y obtener la gran satisfacción de ver que las personas involucradas llevan a cabo nuestras ideas con entusiasmo.

Lo más importante

No existe un resumen mejor acerca de cómo sacar el máximo provecho de una discusión, ya sea con familiares, conocidos o en el trabajo, que los principios de Dale Carnegie sobre cómo convencer a los demás para aceptar nuestras ideas:

1. Mostrar respeto por la opinión de la otra persona. Nunca decirle a una persona que está equivocada.
2. Si uno está equivocado, debe admitirlo rápidamente y con rotundidad.
3. Empezar de manera amistosa.
4. Conseguir que la otra persona nos diga que «sí» inmediatamente.
5. Dejar que la otra persona hable más que nosotros.
6. Permitir que la otra persona sienta que la idea es suya.
7. Tratar honestamente de ver las cosas desde el punto de vista del otro.
8. Ser comprensivos con las ideas y los deseos de los demás.
9. Apelar a los motivos más nobles.
10. Escenificar nuestras ideas.
11. Lanzar un desafío.

Capítulo 7

Hacer las reuniones más significativas

Una técnica comunicativa eficaz y utilizada frecuentemente es la reunión. Permite que haya una comunicación con un grupo de personas al mismo tiempo. Sin embargo, las reuniones pueden ser una gran pérdida de tiempo si no se organizan adecuadamente.

En la mayoría de empresas y organizaciones, buena parte de las tareas se asignan en los comités. Existe una antigua broma que dice que un camello es un caballo creado por un comité. Desde que existen los comités, han tenido la fama de no ser realmente eficaces. Sin embargo, muchas veces los antiguos aforismos proporcionan mensajes contradictorios. ¿Los comités están compuestos por «demasiados cocineros que estropean el caldo» o son beneficiosos porque «dos cabezas son mejor que una»?. Pasemos a analizar qué se puede hacer para que los comités a los que servimos cumplan la misión para la cual se crearon.

Establecer objetivos claros y comprensibles

Cuando Leonard B. fue elegido para presidir un comité que consistía en otros tres ejecutivos y él para encontrar un local adecuado para una sucursal, convocó una reunión para fijar los objetivos y las fechas específicas. En lugar de dictárselo a sus empleados, dirigió una sesión participativa. Cada uno de los miembros aportó ideas y juntos elaboraron un plan factible. Como todos los miembros del comité participaron en la planificación, los objetivos no sólo estaban claros para todos, sino que además todo el grupo estaba comprometido a cumplirlos.

Todos los miembros del comité deberían tener una asignación específica. El presidente debería conocer las fortalezas y las áreas específicas que dominan cada uno de los miembros y utilizar estos recursos para decidir las tareas de cada uno. Leonard tenía la ventaja de que conocía a todos los miembros de su equipo, ya que habían trabajado juntos durante algún tiempo, y fue capaz de dar a cada uno tareas significativas en las áreas en las que podían contribuir más eficazmente.

Sin embargo, si uno preside un comité en el que algunos o todos los miembros son prácticamente desconocidos, entonces debe tratar de informarse sobre ellos tan pronto como sea posible. Cuando Carol fue elegida para presidir un comité del AMPA con el fin de examinar y dar recomendaciones sobre el desarrollo de un programa para que los padres participaran más en las actividades del aula, se encontró con que los miembros sólo eran conocidos ocasionales. Decidió reunirse con cada uno de ellos en privado durante las primeras semanas para descubrir en qué asuntos podían dar lo mejor de sí. En la segunda reunión, no sólo fue capaz de hacer asignaciones acertadas, sino que también, como resultado de estas charlas personales, animó a muchos de ellos a ofrecerse voluntarios para encargarse de aspectos significativos del proyecto.

En cuanto se ha hecho la asignación, debe pedirse a los miembros del comité que elaboren un plan y un horario para sus funciones. Debería hacerse por escrito y entregarse al presidente en la siguiente reunión. A fin de estar seguros de que el plan se va a concluir en el tiempo acordado, deberíamos fijar un método de seguimiento.

El objetivo del comité de Leonard era encontrar el local y firmar el contrato de alquiler de la instalación en tres meses. Así, cada uno de los miembros tuvo que tener preparados los planes para sus tareas en dos semanas a partir del primer encuentro. Programó las charlas de seguimiento con cada uno de los miembros durante un período de dos semanas después de la segunda reunión y una tercera reunión de todo el comité al inicio del segundo mes.

El proyecto de Carol era mucho más largo. Su comité tenía un plazo de seis meses. En la medida en que el grupo de Carol estaba compuesto por nueve personas, creó tres subcomités para los tres aspectos más importantes del proyecto y acordó reunirse con cada subcomité una vez durante los dos primeros meses. Programó reuniones mensuales con todo el comité para informar y compartir sus ideas y logros.

Resolver desacuerdos

Siempre que varias personas participan en un proyecto es probable que haya algunos desacuerdos. Es responsabilidad del presidente resolverlos. Carol se encontró en una situación así en su primera reunión con un subcomité. Dos de los miembros acordaron un plan de acción, pero el tercer miembro se opuso a él firmemente. Lógicamente, dos votos contra uno podía servir para elegir el plan, pero Carol creyó que era necesario tener la cooperación del tercer miembro para que el plan saliera bien. Le pidió que expresara sus motivos para oponerse a la mayoría y lo escuchó con atención. Animó a los demás a pensar sobre estas objeciones y juntos fueron capaces de llegar a un consenso y de elaborar un plan con el que todos pudieran comprometerse. Más adelante en este capítulo hablaremos acerca de cómo tratar con los desacuerdos.

Los informes de los comités

En cuanto todos los miembros o subcomités han terminado la tarea asignada, los resultados se presentan a todo el comité, donde se debaten y se toman las decisiones o recomendaciones finales. Por lo general, debe elaborarse un informe completo para presentarlo a la persona o personas responsables del comité. En la mayoría de comités esto supone la finalización de la tarea. Sin embargo, en algunos casos los comités pueden ser responsables de implementar la acción recomendada.

El comité de Carol tenía que presentar un informe detallado a la Junta del AMPA. En la medida en que todos los subcomités habían investigado un aspecto distinto del tema, pidió informes escritos a cada uno de ellos. Después de haberlos debatido con todo el comité y de haber tomado decisiones, el subcomité revisó sus informes para reflexionar sobre estas decisiones. Carol nombró a uno de los miembros para que escribiera el borrador del informe del comité. Se revisó y corrigió cautelosamente y se enviaron copias a cada uno de los miembros del comité. En la última reunión del comité se aprobó el informe.

El comité de Leonard funcionaba de un poco distinto. Cada uno de los miembros llevó a cabo un aspecto diferente de la asignación. Un miembro había estudiado los patrones de tráfico, otro los costes y el tercero la conveniencia de la comunidad. En cuanto obtuvieron esta información específica, se reunieron varias veces para discutir todo el problema. De ahí escribieron un informe y una recomendación final. Todos los miembros contribuyeron a la redacción del informe y el presidente le dio la forma definitiva. Pero éste no fue el final de la tarea. Después de presentar el informe escrito, Leonard tuvo que reunirse con sus jefes para responder preguntas y defender algunas de las recomendaciones. Como sabían que en estas circunstancias esto era un hecho usual, el comité planificó la presentación oral y las preguntas u objeciones que podrían surgir. A raíz de ello, Leonard estaba completamente preparado para responder y rebatir objeciones.

Un buen trabajo de comité necesita una planificación cuidadosa, asignar cada uno de los aspectos de la tarea a personas competentes, conseguir que todos los miembros se involucren y hacer un seguimiento para asegurarse de que se lleva a cabo aquello planeado y asignado. Cuando uno logra que cada miembro participe desde la etapa de la planificación hasta el informe final, el trabajo en equipo discurre sin problemas y el comité lleva a cabo su misión con eficacia.

Lograr el buen funcionamiento de los comités

Hemos oído muchas veces a los miembros de los comités quejarse: «Qué pérdida de tiempo. ¡Podría haber conseguido muchas más cosas si hubiera estado en mi oficina esta última hora!». En una encuesta reciente, el 70 por 100 de las personas entrevistadas sentían que habían perdido el tiempo en las reuniones a las que habían asistido.

Pero también hay esperanza. Las reuniones pueden ser productivas. He aquí varias maneras de dirigir reuniones con más eficacia:

Limitar el número de asistentes

Invitar únicamente a los participantes oportunos. Algunos gerentes se reúnen con los trabajadores regularmente, algunas veces semanalmente o incluso a diario. Muy a menudo, muchas de las personas que asisten a las reuniones no están implicadas en los asuntos que se discuten. Si únicamente invitamos a aquellos que pueden contribuir a la reunión o que se verán afectados por lo que se debate, podemos evitar la pérdida de tiempo de los demás y hacer que las reuniones sean más breves.

Cuando no invitamos a las personas que normalmente asisten a las reuniones, éstas pueden preocuparse: «¿Por qué no me han invitado? ¿Mi jefe me está queriendo decir algo con esto? ¿Me van a despedir?». Debemos evitar estas preocupaciones explicando de antemano la nueva política y por qué se ha instituido.

Elaborar un orden del día y ceñirse a él

Un orden del día es clave para el triunfo o el fracaso de una reunión. Hay que planear el orden del día cuidadosamente, de manera que se cubran todos los asuntos que se vayan a debatir. Si determinamos por adelantado no sólo los temas que trataremos, sino también su orden, la reunión transcurrirá más plácidamente.

Al fijar la secuencia de los asuntos que se abordarán en la reunión, es conveniente situar los más complejos al inicio del programa. Las personas llegan a la reunión con la mente despejada y son más capaces de abordar asuntos más profundos y con más eficacia al principio. Si las cuestiones importantes se programan para una revisión posterior, es menos probable que los participantes estén atentos y pueden distraerse por lo que se ha debatido previamente.

Por lo menos tres días antes de la reunión debe enviarse el orden del día a todos los asistentes. Así permitiremos que repasen los temas del debate y preparen su contribución.

Debemos ceñirnos al orden del día. Los asuntos que no estén contenidos en él no deberían presentarse a menos que sea una emergencia. Podemos sugerir que se introduzcan en el orden del día de la próxima reunión.

Conseguir que todos actúen

Debe animarse a los asistentes a que repasen el orden del día y estén preparados para debatir cada asunto. Si necesitamos datos específicos para plantear un argumento, debemos organizarlos en soportes visuales que sean fáciles de seguir (por ejemplo, diagramas o folletos) y llevarlos a la reunión. Hay que fomentar el debate y crear una atmósfera en la que las personas puedan estar en desacuerdo sin miedo al ridículo o a las represalias.

Si es pertinente, podemos repartir fotocopias de diagramas, diagramas de flujo u otros gráficos. Debemos distribuir las copias a todos para asegurarnos de que tienen una representación clara de los temas discutidos. Las copias también sirven como recordatorios permanentes del material; los participantes pueden consultarlos más adelante si es necesario.

Si tenemos folletos más voluminosos u otros materiales de lectura que sean densos, debemos distribuirlos con suficiente antelación a la reunión para permitir que los miembros los estudien. El objetivo de la reunión debería ser expandir, demostrar y aclarar información, no introducir conceptos nuevos, particularmente si son técnicos o complejos.

Como líderes de una reunión, debemos realizar preguntas que estimulen el debate. Cabe estar abiertos a preguntas y discordias. Es mejor tener personas que discrepen durante la reunión que dejar que estén absortas en sus problemas durante un largo período de tiempo.

No dominar la reunión

Gus J. se enorgullecía de su manera de dirigir las reuniones. Presumía de cómo toda su gente contribuía a los temas del debate. Sus empleados, sin embargo, tenían una percepción completamente distinta de estas reuniones. «Gus nos dice qué tiene planeado hacer y luego pregunta si tenemos alguna propuesta. Cuando alguien sugiere algo, inmediatamente lo rechaza, algunas veces ridiculizando a la persona que hizo la propuesta. De modo que generalmente todos aceptamos. No hay una participación verdadera.»

Vivimos en una época apresurada. Si uno tiene algo que decir, debe decirlo rápidamente, ir al grano y detenerse, y dar a la otra persona la oportunidad de hablar.

Dale Carnegie

Controlar a los charlatanes

Brad es una de esas personas que intentan dominar una reunión. Siempre tiene algo que decir: normalmente no tiene importancia, molesta a los demás y siempre distrae.

He aquí algunos consejos para que los dirigentes de reuniones puedan mantener en silencio a Brad y a otras personas como él:

- «Llevar a un lado a Brad antes de la reunión y decirle: «Sé que te gusta contribuir a nuestras reuniones y te lo agradezco, pero tengo el tiempo limitado y las demás personas también quieren tener una oportunidad para exponer sus ideas. Dejemos que hablen, y tú y yo hablaremos de tus ideas después de la reunión».
- Si, aun así, Brad insiste en dominar la reunión, debemos esperar hasta que haga una pausa para respirar –que la hará inevitablemente– y decir rápidamente: «Gracias, Brad; escuchemos ahora qué quiere decir Sue».
- Anunciar que cada persona tiene únicamente tres minutos para plantear sus argumentos. Ser flexibles con los demás, pero estrictos con los charlatanes como Brad.

Terminar con una recapitulación

Al término de la reunión, después de haber tratado todos los asuntos del orden del día, el dirigente debería resumir lo que se ha logrado. Si se han asignado tareas a algunos miembros durante el trascurso de la reunión, debemos pedirles que indiquen si han comprendido lo que se espera que hagan y cuándo lo harán. Esto proporciona información al líder y a todos los participantes.

Anotar las actas

Debemos tomar notas o nombrar a un participante para que tome notas a fin de que no haya malentendidos acerca de lo que se ha decidido en la reunión. No tienen que ser trascripciones detalladas de toda la discusión, sino un resumen de las decisiones tomadas en cada asunto. Después de la reunión, debemos distribuir copias de las actas a los asistentes y a todas las personas que puedan verse afectadas por lo que se ha determinado. Las actas servirán de recordatorio de lo que se ha decidido para los participantes y de comunicado para los que no han asistido.

Reuniones en organizaciones voluntarias

Las mismas reglas que sirven para dirigir reuniones empresariales pueden aplicarse a las reuniones de organizaciones voluntarias, tales como grupos religiosos, asociaciones comunitarias, clubes sociales y sociedades similares. Algunas veces estas reuniones se llevan a cabo de un modo más formal.

La estructura habitual de estas reuniones consiste en empezar con una lectura de las actas de las reuniones previas y, si es necesario, se corrigen. A ello le pueden seguir informes de los presidentes de varios subcomités y luego una discusión sobre cuestiones anteriores, seguida de las más actuales. Un orden del día que cubra los informes y los «asuntos previos» no es un problema, pero hay poco control sobre los «nuevos asuntos».

Sandra presidía la reunión del consejo directivo de la asociación Home Owners. Eran las 9 y sólo habían terminado el apartado de las cuestiones previas. Dado que era tarde y Sandra tenía que hacer cosas en casa, cuando abordó el tema del «nuevo asunto» cruzó los dedos y esperó que no se planteara nada. Como era de esperar, un miembro de la junta tenía un proyecto favorito que estaba intentando promocionar y la reunión siguió durante otra hora.

Para evitar este inconveniente hay que proponer una modificación de las reglas. Podemos sustituir «nuevo asunto» por «sugerencias para la próxima reunión». Con ello, a pesar de que se expongan ideas nuevas, evitamos que tenga lugar un debate y la reunión concluirá mucho antes. Si nos ceñimos al orden del día nos aseguramos de controlar la reunión. Los demás asuntos pueden aplazarse hasta que puedan incorporarse al orden del día.

Cómo discrepar sin ser desagradables

Presidir una reunión no siempre está exento de problemas. Hay participantes que discrepan con nosotros y que normalmente son firmes con sus opiniones. He aquí algunas indicaciones para tratar con estas personas.

Hay que aceptar el hecho de que la persona que no está de acuerdo con nosotros tal vez esté en lo cierto. Uno no tiene todas las respuestas. Debemos preguntar para comprender más fácilmente de dónde viene esta persona, escuchar atentamente y apreciar el motivo por el que tiene esta creencia. Hay que aclarar cualquier malentendido. Él o ella pueden no haber comprendido del todo la evidencia que hemos presentado. Por otro lado, esta persona puede haber planteado algunos hechos que habíamos pasado por alto y que pueden requerir una reevaluación de nuestros argumentos.

A veces la razón del desacuerdo es emocional y no se debe a los hechos. La persona puede estar reaccionando negativamente a nuestra idea por motivos personales; tal vez haya tenido una mala experiencia con una idea similar en el pasado. Discutir sobre la base de la evidencia es infructuoso. Hay que tratar de determinar el verdadero motivo del desacuerdo y, si es posible, solucionarlo.

No hay que ser polémicos. En lugar de decir: «No lo comprendes...» hay que decir: «Tal y como yo lo entiendo, esto es...». Cuando culpamos a la otra persona por discrepar, hacemos que se ponga a la defensiva y creamos resentimiento, lo cual irá en contra de convencerla para que acepte nuestra idea.

El lector puede releer las indicaciones sobre cómo discrepar sin ser desagradables del capítulo 6.

Autoevaluarse

La próxima vez que dirijamos una reunión, podemos revisar nuestra eficacia respondiendo la siguiente lista de preguntas.

Antes de la reunión:

1. ¿Hemos preparado el orden del día de la reunión?
2. ¿Lo hemos distribuido a los participantes con antelación a la reunión?
3. ¿Hemos fijado las horas de inicio y finalización de la reunión?
4. ¿Hemos preparado los soportes visuales o folletos?
5. ¿Hemos asignado partes del programa a los participantes?
6. ¿Hemos elegido a un participante para que registre la reunión?
7. ¿Hemos encargado todo el material y los suministros necesarios?:

_____ Pizarra y tiza
_____ Caballete de rotafolio
_____ Blocs de papel y rotuladores de rotafolio
_____ Ordenador y proyector para PowerPoint
_____ Retroproyector
_____ Proyector de diapositivas
_____ Otros

Durante la reunión:

1. ¿Nos hemos ceñido al orden del día?
2. ¿Han participado todos los asistentes?
3. ¿Hemos mantenido bajo control a los charlatanes y a los dominantes?
4. ¿Hemos distribuido las tareas de manera equitativa?
5. ¿Nos hemos abstenido de expresar nuestras ideas hasta que los participantes han expresado las suyas?
6. ¿Hemos fomentado que los participantes pregunten?
7. ¿Hemos animado a los participantes a responder a las preguntas realizadas por otros participantes?
8. ¿Hemos resumido los puntos más importantes al final de la reunión?
9. ¿Hemos verificado que los participantes han comprendido sus tareas antes de levantar la sesión?
10. ¿Hemos concluido la reunión con una declaración motivacional o una llamada a la acción?

Después de la reunión:

1. ¿Hemos distribuido las actas de la reunión a todos los participantes y a aquellos que puedan verse afectados?
2. ¿Hemos hecho un seguimiento de las tareas asignadas?
3. ¿Hemos pedido la opinión de los participantes sobre la reunión?

Cuantas más preguntas se hayan respondido con un «sí», más efectiva habrá resultado la reunión.

Las personas triunfadoras sacan partido de sus errores y lo intentan nuevamente de otra manera.

Dale Carnegie

Sacar el máximo provecho de las reuniones a las que asistimos

Cuando dirigimos una reunión podemos controlar lo bien que trascurre, pero la mayor parte de las veces no somos dirigentes, sino participantes. Si tomamos medidas antes, durante y después de la reunión, podemos hacer que cada una de las reuniones a las que asistimos sean valiosas experiencias de aprendizaje.

Cuando se nos notifica una reunión, no debemos anotarla simplemente en nuestro calendario y olvidarnos de ella hasta la fecha prevista. Vale la pena que nos tomemos un tiempo para prepararnos.

Antes de la reunión:

- Estudiar el orden del día. Repasar los temas que aparecen en la lista. Incluso aunque tengamos conocimiento de ellos, querremos estar seguros de estar al día en la materia. Debemos revisar nuestros archivos para saber qué se ha hecho hasta ahora. Si es necesario, podemos leer artículos en publicaciones técnicas o comerciales que traten de los temas.
- Si es una nueva área de conocimiento o no estamos muy familiarizados, debemos estudiar detenidamente el material que

se nos ha proporcionado. Es demasiado importante como para hacer sólo un análisis superficial y esperar a tomar nota de los detalles en la reunión.
- Tomar notas de comentarios, ideas o preguntas que tengamos sobre los temas.

En la reunión:

- Participar: si tenemos comentarios, ideas o preguntas, no debemos contenerlas. Precaución: no hay que hablar simplemente por hablar. Debemos plantear nuestros argumentos brevemente.
- Afrontar los desacuerdos: es probable que algunos participantes discrepen con nuestro punto de vista. No hay que tomárselo personalmente. Al responderles, debemos ceñirnos a los hechos. Es un debate, no una discusión.
- Trabajar para el consenso. Si el objetivo de la reunión es solucionar un problema, debemos contribuir a la solución y escuchar otros puntos de vista que pueden ser mejores que los nuestros. Debemos estar preparados para comprometernos a fin de lograr soluciones satisfactorias.
- No dominar la reunión. Algunas veces resulta difícil contenerse cuando tenemos ideas que queremos expresar. Hay que dar a los demás la oportunidad de hablar.
- Tomar notas sobre las decisiones importantes que se toman o sobre información nueva que hayamos aprendido.
- Si en la reunión van a tener lugar las asignaciones de los participantes, debemos ofrecernos voluntarios inmediatamente para la tarea que más nos interese. Si nos contenemos podemos terminar realizando una tarea que no sea tan interesante y con la que quizás no disfrutemos.

Después de la reunión:

- Repasar nuestras anotaciones. Actuar cuando sea necesario. Si se nos ha dado una tarea, debemos hablar con el líder para asegurarnos de que hemos comprendido lo que se quiere y para cuándo se espera.

Cuando asistimos a reuniones externas

Muchas personas asisten a reuniones externas a la empresa. Pueden tratarse de seminarios, reuniones o convenciones de asociaciones comerciales o conferencias patrocinadas por organizaciones que tengan ideas o propuestas que puedan ser de nuestro interés o del de nuestra empresa. Pueden llevarse a cabo dentro de la empresa o fuera de sus instalaciones.

He aquí algunas indicaciones para hacer que valga la pena nuestro tiempo y atención en estas reuniones:

Preparar la reunión

La mayoría de conferencias y convenciones se anuncian con meses de antelación. Debemos prepararnos para esta reunión como lo haríamos si se tratara de una reunión de empresa, tal y como hemos propuesto anteriormente. Normalmente el anuncio de la reunión se acompaña del orden del día. Debemos estudiarlo detenidamente. ¿Hay algún tema de la lista que necesite una preparación especial? Tal vez queramos leer sobre temas con los que no estamos familiarizados para comprender y poder contribuir a la discusión. Quizás queramos reexaminar la experiencia de nuestra empresa en esta área para que podamos relacionar lo que se debate con los problemas de nuestra propia empresa.

Conocer nuevas personas

En la reunión no debemos sentarnos con nuestros compañeros. Podemos hablar con ellos en cualquier momento dado. Si los asistentes se sientan en mesas, debemos proponernos sentarnos con distintas personas en las diferentes etapas de las reuniones. A menudo, en los debates del almuerzo o de la cena recogemos más ideas de nuestros compañeros de mesa que de los oradores. Debemos anotar los nombres y las direcciones de las personas que conocemos en estos acontecimientos. Pueden ser una fuente de información u orientación en el futuro.

Cuando oradores externos dirigen una reunión, también debemos apuntar sus nombres y direcciones. Tal vez queramos contactar con algunos de ellos para más información.

Tener la mente abierta

Para sacar el máximo provecho de lo que dice el orador, debemos tener la mente abierta a nuevas propuestas. Tal vez sean distintas de lo que honestamente creemos que es mejor, pero hasta que no las escuchemos y las pensemos objetivamente, no lo sabremos con total certeza. El progreso se logra con el cambio. Ello no significa que todas las nuevas ideas sean buenas, sino que deberían escucharse, evaluarse y considerarse cuidadosa y objetivamente.

Ser tolerantes

En varias ocasiones hemos escuchado a un orador que nos ha desagradado inmediatamente. No nos gustaba su apariencia, su ropa, su voz o su acento regional, de modo que o bien dejamos de escucharlo o bien rechazamos lo que dijo. Los prejuicios que se tienen acerca de un orador impiden que los asistentes escuchen realmente lo que dice o acepten las ideas presentadas.

Tomar notas

Tomar notas tiene dos funciones importantes: ayuda a organizar lo que oímos mientras estamos en la reunión, lo que resulta en una escucha más sistemática, y también se convierte en una fuente de futuras referencias.

Reservar una página para anotar buenas ideas

Utilizar esta página de nuestra libreta para tener una lista de todas las ideas apasionantes que hemos recogido en la reunión. Se trata de aspectos que queremos asegurarnos de no olvidar.

Preguntar

No dudar de preguntar al orador cuando se presenta la ocasión. No obstante, no debemos malgastar el tiempo de la reunión con preguntas triviales. Debemos evitar introducir nuestra pregunta con comentarios extensos y ser claros y breves.

Durante una presentación formal, no es apropiado interrumpir al orador. Si tenemos una pregunta debemos anotarla en la última página de nuestra libreta. Será un recordatorio para no olvidarnos de las preguntas que queremos realizar cuando llegue el momento oportuno.

Ser participantes activos

Aportar ideas. En la mayoría de reuniones hay personas que comparten de buena gana ideas e información. Otras simplemente se sientan y escuchan. Cuando se les pregunta por qué no han participado más activamente, una respuesta común es: «¿Por qué debería compartir mis ideas con estas personas? Algunas de ellas son mis oponentes y no voy a revelar los secretos de mi empresa». Nadie espera que digamos algo que pueda perjudicar a nuestra empresa o su posición, pero la mayoría de debates no son de esta naturaleza. Están ideados para promover el intercambio de ideas valiosas para casi todos los asistentes. La experiencia de una empresa sirve de ayuda para las demás. Cuando aportamos ideas proporcionamos experiencias enriquecidas a los demás, lo cual, a su vez, resulta en experiencias más satisfactorias para nosotros.

Después de la reunión

Después de la reunión debemos resumir lo que hemos aprendido. Podemos repasar nuestras anotaciones cuando aún tenemos la reunión fresca en la memoria. Al regresar a nuestra oficina, tan pronto como sea posible debemos escribir o dictar un informe sobre la conferencia para nuestros archivos permanentes.

Es aconsejable informar sobre lo que hemos aprendido. Podemos enviar un memorándum o un breve informe a nuestro superior o a otras personas de nuestra empresa que puedan encontrar valiosa esta información. Podemos debatirla con nuestros compañeros. Al compartir lo que hemos aprendido, aumentamos el beneficio que saca nuestra empresa por habernos enviado al programa.

Ponerlo en práctica. Si no hacemos nada con lo que hemos aprendido en la reunión, habrá resultado una pérdida de tiempo y dinero.

Lo más importante

- Toda reunión debería tener un objetivo, y el dirigente debería asegurarse de que se cumple.
- Varios días antes de la reunión debemos preparar un orden del día y distribuirlo a quienes se espera que asistan.
- Debemos preparar con antelación el material y los equipos que queremos utilizar y asegurarnos de que está disponible el ma-

terial necesario para mostrar la información mediante soportes visuales. Asegurarnos de tener suficientes copias de los folletos para todos los participantes.

- Establecer un ambiente participativo y facilitar la implicación de los asistentes tímidos o reticentes; debe animarse a participar a todos los presentes. No permitir que los charlatanes dominen la reunión.
- Cuando termine la reunión los participantes deberían tener claros los temas que se han debatido. Debemos dar a todos la oportunidad de realizar preguntas, resumir lo que se ha cumplido y comprobar que los participantes, en caso de haberles asignado alguna tarea durante la reunión, han comprendido lo que tendrán que hacer y cuándo deberán hacerlo. Concluir la reunión con una llamada para la acción o un mensaje que inspire.
- Podemos sacar el máximo provecho de las reuniones o las conferencias a las que asistimos si seguimos las indicaciones de la última sección de este capítulo.

Capítulo 8

Comunicarse por escrito

—Cuando hablo con alguien cara a cara o por teléfono no tengo ningún problema en hacerme entender, pero cuando tengo que escribir una carta o un memorándum, sueno forzado y torpe.

Este comentario no es de un desertor escolar, sino de un ingeniero con un máster en administración de negocios. Muchas personas que se expresan bien oralmente se bloquean cuando tratan de expresar sus ideas sobre el papel.

Esta situación se debe en parte a la idea equivocada de que las palabras escritas deberían sonar más formales que el mensaje oral. Esto resulta en cartas y memorandos que parecen distantes y artificiales.

Las palabras escritas difieren de las orales porque el significado que se trasmite con la comunicación oral se suaviza con el tono de voz y el lenguaje corporal. Además, si el significado no queda claro, el emisor lo sabe inmediatamente por la manera en que se recibe el mensaje y las preguntas que pueda hacer el otro interlocutor.

Algunos hombres y mujeres intentan evitar los proyectos que requieren la realización de un informe escrito. Se sienten ineptos y mal preparados para encargarse de esta tarea. No hay razón para temer más un informe escrito que uno oral. Es una capacidad que se puede aprender y que, cuando se domina, puede potenciar nuestro crecimiento profesional.

Las personas que aceptan la responsabilidad destacan
por encima de los demás en la oficina, en la fábrica
o en cualquier ámbito de la vida, y son las que tienen éxito.
Acoge con agrado la responsabilidad. Si lo haces
con las pequeñas cosas, grandes cosas te ocurrirán.

Dale Carnegie

A fin de que el mensaje escrito tenga el mismo impacto para el lector que las palabras orales, el lenguaje de nuestras cartas y memorandos debe ser un tanto distinto del que usamos cuando hablamos. Sin embargo, no tiene que ser muy diferente. Las siguientes indicaciones nos ayudarán a escribir de un modo parecido a como hablamos sin que suene forzado.

Planear el mensaje antes de escribir una palabra

Debemos pensar antes de escribir. Deborah K. ha recibido muchos cumplidos por sus cartas. Está orgullosa de ello con razón. Deborah esboza cada carta cuidadosamente antes de dictarla o escribirla.

Una revisión de los esbozos de Deborah indica que no sólo hace una lista de los asuntos que quiere abordar, sino que los pone en orden de importancia para que la carta empiece inmediatamente con lo que es más interesante para el receptor. En vez de preceder la información importante con material preparatorio, la expone inmediatamente y sigue con cualquier asunto adicional que sea absolutamente necesario para plantear su argumento.

Por ejemplo, en lugar del inicio habitual: «Le escribimos en concepto de su petición de información sobre nuestro modelo

#1754...», escribió: «Sí, nuestro modelo #1754 solucionará su problema» y luego proporcionó pruebas. En lugar de concluir: «Gracias por su petición», escribió: «Esperamos recibir su pedido». Las expresiones así indican una respuesta directa y dinámica a la petición y precipitan una acción positiva inmediata.

Preparar el mensaje

Una buena regla a seguir es planear detenidamente lo que queremos decir antes de escribir una sola palabra. Este sencillo proceso nos ayudará a planear la carta o memorándum. Puede resumirse con el acrónimo PAB, que proporciona pistas para ayudarnos a pensar con claridad lo que queremos escribir antes de empezar a redactarlo.

Pensar sobre la situación. ¿Por qué estoy escribiendo esto?

Acción: ¿Qué quiero conseguir?

Beneficio: ¿Qué valor tiene esto para el lector?

Debemos hacernos estas preguntas y anotar las respuestas en un bloc de notas. Si preparamos nuestros pensamientos antes de escribir, conseguiremos tener una idea clara de lo que queremos trasmitir. La lista nos ayudará a organizar toda la información referente a la situación sobre la que estamos escribiendo, indicará qué queremos hacer, cómo enfrentarnos a ello y cómo estas acciones beneficiarán a nuestros lectores.

Ser completos, concisos y claros

¿Cómo puede ser concisa una carta y, aun así, ser completa y clara? Muchos autores incluyen mucho material extraño en una carta o memorándum. Cuando Enrique regresó de un viaje de negocios a Latinoamérica, su informe ocupaba diez páginas. Sin duda era completo, pero gran parte de lo que escribió era información no esencial que no tenía ninguna relación con su misión. Informó acerca de todo lo que vio y escuchó en lugar de concentrarse en los objetivos de su viaje.

Uno debe hacerse las siguientes preguntas antes de escribir una carta o informe extenso:

«¿Cuáles son los asuntos más importantes que debo mencionar?»

«¿Cómo puedo exponer estos asuntos de la manera más concisa y proporcionar toda la información de la forma más clara posible?»

Después de escribir el primer borrador, debe releer cada frase y preguntarse: «¿Es realmente necesaria?»

Evitar la jerga

A Gary le desconcertaba la carta que estaba leyendo. El autor no hacía más que referirse a los beneficios de tratar con un «OEM» y Gary ignoraba por completo a qué se referían estas siglas. El autor asumió, equivocadamente, que Gary sabía que significaban «Original Equipment Manufacturer» y, de este modo, no logró trasmitir el mensaje. Las iniciales, los acrónimos y demás jerga son aceptables cuando nos comunicamos con personas donde se usa esta jerga. Uno no puede asumir que los demás conocerán estos términos.

Sin embargo, escribir una carta utilizando la jerga del ámbito en el que trabaja el receptor puede facilitar su aceptación.

Utilizar frases cortas y llamativas

Tal vez admiremos nuestra excelente retórica, pero el lector de nuestra carta la encontrará mucho más comprensible si evitamos frases complejas. Una simple frase afirmativa es normalmente lo mejor. En lugar de decir: «A la luz de la investigación en este campo, creemos que el programa que ofrecemos facilitará la destreza en la redacción de los trabajadores que se inscriben a este curso formativo», podemos decir: «Este programa enseñará a sus empleados a escribir mejor».

Sin embargo, debemos evitar estructurar todas las frases de la misma manera, o de lo contrario la carta resultará aburrida. Corta y llamativa, sí; simple y aburrida, no. Debemos escribir los principales planteamientos de forma resumida, como el título de una noticia del periódico, y complementarlos con detalles donde sea adecuado utilizando una estructura sintáctica más variada.

Ir al grano

Debemos evitar la construcción compleja de oraciones o la fraseología extravagante. La carta debe ser lo más breve posible, aunque llamativa. Una manera de destacar nuestros planteamientos es escribirlos en formato de anuncio:

- Titular el asunto principal: usar la negrita.
- Dividir el texto en secciones diferenciadas, cada una para destacar un argumento distinto.
- Utilizar un asterisco (*) o un punto (•) para destacar los aspectos más importantes.
- Cuando sea conveniente, utilizar gráficos, diagramas u otros dispositivos visuales para aumentar el impacto de nuestras palabras.

Hablar con el lector

El mensaje será más claro y el lector lo aceptará más fácilmente si está escrito de la misma manera que hablamos. Debemos suponer que la persona que leerá la carta o informe está sentada en nuestra oficina o estamos hablando con ella por teléfono. Debemos ser informales, relajarnos y hablar con las formas, el vocabulario, el acento, las locuciones y las expresiones que utilizamos habitualmente.

Normalmente no diríamos: «Nos complace comunicarle...» o «Deseamos informarle que, debido al incendio en nuestras instalaciones, el envío de su pedido tendrá un retraso de diez días». Al contrario, trasmitiríamos bien el mensaje si dijéramos: «Debido al incendio en nuestras instalaciones habrá un retraso de diez días en el envío de su pedido». Entonces, ¿por qué no escribir simplemente esto?

Formular preguntas directas

Una conversación no es unidireccional. Una persona habla y la otra responde, a menudo con una pregunta. «Sí, ¿pero cómo afectará esto a la calidad?» Si interponemos preguntas en la carta lograremos la atención del lector en aspectos concretos. Después de plantear un argumento, debemos hacer una pregunta adecuada, como: «¿Qué más aplicaciones puede encontrar al instalar este software?». Estas preguntas proporcionan al lector la oportunidad de reflexionar sobre nuestro mensaje en términos de sus necesidades específicas.

Escribir como uno habla

Cuando hablamos utilizamos los pronombres «yo», «nosotros» y «ellos» todo el tiempo. Forman parte del dar y recibir habitual de una conversación. Cuando escribimos, sin embargo, tendemos a ser más formales. Utilizamos frases como: «se supone», «se recomienda...» o «se llevará a cabo una investigación y tras su finalización se enviará un informe a su empresa». Por qué no exponer claramente: «Estamos investigando el asunto y cuando obtengamos la información se lo haremos saber».

Debemos hacer que la carta suene más personal. Es conveniente usar el nombre del destinatario. Si se trata de un amigo, podemos usar su nombre; si son conocidos de empresas, podemos usar el título apropiado (señor, señora, señorita, doctor, etc.) y el apellido, y en lugar de decir «la empresa se beneficiará del uso de este producto», podemos exponer: «Para que vea, Beth (o señora Smith), cómo usar este producto la beneficiará».

Usar frases cortas y concisas

Un lector común puede asimilar únicamente la cantidad de palabras que irrumpen brevemente en su campo de visión durante un período dado. Si una frase tiene demasiadas palabras, es posible que se pierda el significado completo. Los estudios muestran que las frases que tienen como máximo veinte palabras son las más fáciles de leer y asimilar. Normalmente se puede ver con bastante claridad dónde termina una idea y empieza la siguiente. Debemos limitar cada frase a una idea. Cabe recordar que nuestro objetivo es trasmitir una idea al lector, no crear una prosa inmortal. También es conveniente utilizar palabras cortas.

Por supuesto, el lenguaje técnico sólo es apropiado cuando escribimos sobre asuntos técnicos y nos dirigimos a personas con formación técnica. Sin embargo, cuando escribimos a personas que no tengan una formación en nuestra área, debemos evitar el lenguaje y la jerga que probablemente desconozcan.

Proporcionar el toque humano adecuado

Expresar nuestros sentimientos naturales personaliza el mensaje. Si se trata de buenas noticias, debemos decir que estamos contentos; si son malas noticias, debemos decir que lo sentimos. Es conveniente que seamos corteses, educados y mostremos tanto interés como lo haríamos si el destinatario estuviera frente a nosotros. Debemos recordar que la persona que leerá la carta es un ser humano que se molestará si la carta es frívola y se alegrará si es educada y amistosa.

Hacer que sean fáciles de recordar los correos y los memorandos

Los memorandos y las cartas son, en algún aspecto, dispositivos «visuales», pero cuando se leen se convierten en una entrada de audio. Asimilamos los datos al leerlos para nosotros mismos. La mente los procesa del mismo modo que cuando asimila las palabras que escucha. Si añadimos soportes visuales a los memorandos y las cartas, estos documentos se volverán mucho más efectivos. La mayoría de personas prefiere estudiar un gráfico o un diagrama que leer una columna de cifras. Si nos tomamos un poco más de tiempo para convertir la información en gráficos, los memorandos y los informes tendrán un impacto mucho mayor. Para las personas a las que les gusta leer cifras, éstas pueden incluirse en los anexos. Si podemos utilizar ilustraciones, fotografías u otras imágenes, el memorándum se convierte en una emisión simultánea.

Hay numerosos programas informáticos disponibles que pueden convertir fácilmente datos en una variedad de gráficos o diagramas. Si estos diagramas se presentan en color el impacto es mayor.

Cuando no podamos utilizar gráficos, podemos usar descripciones gráficas en los memorandos. He aquí dos memorandos sobre la rotación de personal:

«El movimiento de personal en el departamento de trasporte ha causado un enorme volumen de trabajo para los trabajadores, lo que ha resultado en accidentes, enfermedades por fatiga y más renuncias. Esta situación ha provocado que haya pedidos no enviados y, por consiguiente, reclamaciones de clientes.»

Ahora vamos a usar algunas descripciones gráficas: «Esta mañana he ido al departamento de trasporte. Sólo había seis personas trabajando en lugar de los diez trabajadores habituales. Estaban trabajando con mucha presión, intentando enviar los pedidos. Ayer trabajaron diez horas y se podía ver el cansancio en su rostro y en su forma de trabajar. Un hombre cojeaba a causa de un accidente menor. Mientras estuve allí, tres clientes llamaron quejándose por no haber recibido sus pedidos en el tiempo previsto».

La primera descripción explica los hechos, mientras que el segundo ejemplo permite que el lector «visualice» la situación. Si utilizamos dispositivos visuales y descripciones gráficas cuando resulte adecuado, las comunicaciones –tanto orales como escritas– serán más claras y estarán mejor ejemplificadas.

El objetivo del lector es hacer que sus oyentes vean lo que vio, oigan lo que oyó, sientan lo que sintió. Los detalles relevantes, redactados con un lenguaje concreto y atractivo, es la mejor manera de recrear el suceso tal y como ocurrió y de describírselo a los oyentes.

Dale Carnegie

Cuidar la gramática y la pronunciación

No siempre podemos depender de una secretaria que corrija nuestra gramática, sintaxis y faltas de ortografía. Actualmente, muchos gerentes no disponen de secretarias o de asistentes administrativos. Redactan su propia correspondencia. Si la gramática o la ortografía no es nuestro fuerte podemos buscar un compañero que sea nuestro «editor» para revisar y hacer sugerencias constructivas. El «corrector ortográfico» de un procesador de textos es de gran ayuda, pues detecta la mayoría de erratas y faltas de ortografía, pero todavía tenemos que releer el documento con atención porque no puede detectarlos todos. Incluso aunque seamos de los pocos afortunados que tienen un asistente, todavía necesitaríamos revisar todo lo que enviamos con nuestra firma.

Concluir la carta

Antes de escribir el párrafo final de una carta o memorándum, debemos revisar aquello que deseamos conseguir. Si la carta es una respuesta a una petición de información, ¿hemos proporcionado la información solicitada? Si la carta tiene el objetivo de obtener una acción del destinatario, ¿hemos especificado qué acción queremos?

Debemos tener presente que el párrafo final es nuestra última oportunidad para comunicar lo que queremos. Del mismo modo que un buen vendedor siempre termina una llamada o una carta solicitando el pedido, un buen redactor debería pedir al destinatario que realice la acción para la cual se le ha enviado la carta. Unas palabras de agradecimiento siempre son apropiadas, pero por sí solas no son suficientes. En lugar de decir: «Gracias por su consideración», es mucho mejor terminar la carta diciendo: «Gracias por firmar y devolver el contrato de mantenimiento adjunto. Le garantizará el uso de su equipo libre de preocupaciones durante los siguientes doce meses».

Podemos mejorar nuestra manera de escribir cartas si las planificamos y seguimos las indicaciones arriba mencionadas para lograr que cada carta trasmita nuestro mensaje en un estilo fácil de leer, pero también dinámico.

Ocuparse de la correspondencia recibida

Como se ha apuntado anteriormente en este libro, la comunicación es una vía de doble sentido. No sólo enviamos información, sino que también recibimos. En los capítulos anteriores hemos aprendido a ser buenos receptores de la comunicación oral. Cómo recibir comunicados escritos también es importante.

Leer y responder cartas y memorandos puede suponer una cantidad excesiva de tiempo y energía.

Cada mañana, cuando Don M. vaciaba su buzón, leía todas las cartas, memorandos, folletos y demás artículos, y cuidadosamente los dividía en cuatro montones apilados con esmero. En el primer montón, colocaba las cartas y los memorandos que necesitaban una respuesta inmediata; en el segundo, aquéllos para los cuales necesitaba más información o que podía delegar en un subordinado; en el tercero, colocaba los materiales para los que no necesitaba tomar ningún tipo de medidas más que leerlos y archivarlos y el cuarto era correo basura que desecharía inmediatamente.

Fijó un plazo para responder su correspondencia a una hora conveniente cada día. Cuando llegaba el momento releía cada carta para poder responderla adecuadamente. En otro momento del día, releía los memorandos y las cartas del segundo montón, obtenía la información necesaria o los delegaba en otra persona. Cuando había leído los memorandos y las cartas del tercer montón –aquellos que no requerían que tomara ninguna medida– se los entregaba a su secretaria para que los rellenara.

El tiempo que Don empleó para leer y releer toda la correspondencia supuso una cantidad exorbitante de horas de su día laborable. De este modo podemos ocuparnos de ello con mucha más eficacia.

Leer una carta o memorándum y tomar medidas inmediatamente

Cuando leemos una carta por primera vez, es aconsejable tomar notas en un Post-it sobre los aspectos más importantes que necesitaremos para contestar. Así, cuando dictamos o escribimos nuestra contestación, no es necesario releer toda la carta. Tal vez sólo nos ahorremos dos o tres minutos por carta, pero si respondemos treinta cartas al día, ganaremos noventa minutos que podemos emplear en asuntos más productivos.

Debemos hacer lo mismo con las cartas o los memorandos para los cuales necesitamos información adicional. En la primera lectura, anotamos la información que se requiere, la fuente de la que podemos obtenerla, en quién deberíamos delegarlo y cualquier instrucción pertinente.

No responder un memorándum con otro

Recibimos un memorándum del director de otro departamento en el que nos pide el actual inventario de una serie de artículos, que especifica según su nombre y su número de *stock*. Normalmente, respondemos con otro memorándum en el que escribimos: «Según su petición, le adjunto el inventario actual de los siguientes artículos» y enumeramos cada uno de ellos según su nombre, su número de *stock* y su cantidad.

Es más efectivo escribir simplemente las cantidades al lado del nombre del artículo y su número en el memorándum original. Nos ahorra un tiempo considerable y cumple el objetivo. En muchos casos ni siquiera se necesitan copias, pero si fuera necesario, podemos hacer una fotocopia del memorándum original con los datos anotados. También podemos hacer lo mismo cuando contestamos cartas externas a nuestra empresa. Si podemos responder a la pregunta del remitente con una frase sencilla, basta con escribir la respuesta en la parte inferior de la carta y reenviarla.

Sin embargo, si la política de la empresa es responder la correspondencia de un modo más formal, entonces debemos tomarnos un tiempo en escribir la carta. Algunas veces la imagen que damos a nuestros clientes o al público es más importante que ahorrar tiempo.

Delegar la correspondencia

A menudo debemos obtener la información que se pide en una carta o memorándum de un subordinado. En lugar de pedirle que se limite a obtener la información, es aconsejable darle a la persona toda la responsabilidad de redactar la respuesta. Esta medida no sólo nos ahorra tiempo, sino que al trabajador le proporciona una experiencia valiosa de llevar a cabo la tarea completa. Al principio probablemente queramos leer y firmar la carta definitiva, pero a medida que el subordinado se familiarice más con las áreas tratadas, puede ser completamente innecesario que nos involucremos.

Tirar la correspondencia

Muchas cartas y memorandos proceden de otros departamentos simplemente para informarnos de sus contenidos y no requieren ninguna acción por nuestra parte. Es poco probable que jamás necesitemos volverlos a ver. ¡No los archives; simplemente tíralos! Hacerlo puede resultar sorprendente en muchas empresas, pero realmente no hay ninguna necesidad de guardar la mayoría de estos memorandos. En el caso remoto de que necesitemos un archivo que hemos tirado, la persona que lo escribió y la persona que recibió el original sin duda podrán proporcionarnos una copia. Tirar cartas y memorandos para los que no se requiere ninguna acción no sólo nos ahorra tiempo a nosotros, sino también a nuestros empleados, y evita que se sobrecarguen nuestros archivos.

La explosión del correo electrónico

Debemos prestar la misma atención a la redacción de correos electrónicos que a la composición de cartas y memorandos estándar.

Cabe recordar que los correos electrónicos son una forma de comunicación escrita. Muchas personas los consideran un sustituto de las llamadas telefónicas en vez de una carta, de manera que redactan atropelladamente sus mensajes con muy poca o ninguna consideración por el estilo o incluso por el contenido. A diferencia de una llamada telefónica, un correo lo podemos guardar tanto electrónicamente como en formato impreso, por lo que deberíamos prepararlo y redactarlo con esmero.

Cada vez más las comunicaciones dentro y fuera de una empresa se llevan a cabo por medio de correos electrónicos. Según una encuesta llevada a cabo por Ernst&Young, el 36 por 100 de las personas encuestadas utiliza este medio más que cualquier otra herramienta comunicativa, inclusive el teléfono.

Hoy en día muchos directivos, especialmente la generación más joven, utilizan los mensajes de texto, algunas veces llamados SMS (acrónimo de servicio de mensajes cortos, en inglés Short Message Service), además o en lugar de los correos electrónicos. El uso de los mensajes de texto para fines empresariales ha aumentado significativamente durante la primera década del siglo xxi. Algunos usos prácticos de los mensajes de texto consisten en enviar mensajes de alerta (por ejemplo: «El sistema telefónico no funciona»), en confirmar entregas u otras tareas y en establecer una comunicación instantánea entre el proveedor de un servicio y un cliente (por ejemplo, un agente de bolsa y un inversor).

Para usar los mensajes de texto cuando enviamos información más detallada, podemos seguir las mismas indicaciones presentadas aquí para enviar correos electrónicos efectivos.

Redactar correos electrónicos interesantes, expresivos y atractivos

He aquí algunos consejos para escribir mejor los correos electrónicos y los mensajes de texto:

- Pensar detenidamente lo que escribiremos. Si el mensaje consiste en algo más que una simple cháchara informal, debemos prepararlo con el mismo esmero que una carta formal. Si estamos dando instrucciones, debemos asegurarnos de que el lector sabe exactamente qué acción le estamos pidiendo. Si estamos respondiendo a una pregunta, debemos asegurarnos de que hemos reunido toda la información necesaria para responder adecuadamente las preguntas realizadas.
- En el asunto del mensaje, escribir una frase significativa. Nuestro destinatario puede recibir docenas e incluso cientos de correos al día. Para asegurarnos de que lea nuestro mensaje de inmediato, debemos escribir un asunto que sea significativo para él. Por ejemplo, en lugar de: «respuesta de tu correo del 25/6», podemos utilizar la casilla del asunto del mensaje para referirnos a la información del correo (por ejemplo, «número de ventas de junio»).
- Seguir las sugerencias proporcionadas previamente en este capítulo para escribir cartas y memorandos. Usar el enfoque PAB. Emplear frases cortas y llamativas. Ser claros, concisos y completos. Debemos ir al grano y ser breves.
- Si adjuntamos archivos en el correo, debemos especificar en el mensaje de qué ficheros se trata para que el lector pueda revisarlos y asegurarse de que ha recibido todos.
- No debemos usar abreviaturas, jerga o atajos a menos que estemos seguros de que el destinatario los comprende.
- Leer el mensaje detenidamente y revisar la ortografía antes de pulsar la tecla de «enviar». Si no estamos satisfechos con el mensaje no debemos enviarlo. Podemos posponer el envío, revisarlo y luego volverlo a escribir. Debemos asegurarnos de que está bien antes de enviarlo.

Si uno cree en lo que está haciendo no debe dejar que nada retrase su trabajo. Buena parte de las mejores tareas del mundo se han llevado a cabo contra toda imposibilidad aparente. El objetivo es terminar el trabajo.

Dale Carnegie

Avalancha de correos

Algunas personas están tan sobrecargadas de correos que no tienen tiempo de leerlos y, sin embargo, pueden terminar otras tareas.

En muchas empresas los trabajadores dedican una cantidad desmesurada de tiempo enviando bromas, mensajes personales, ofertas («Tengo seis bonitos gatitos que buscan un hogar») e información que normalmente carece de importancia para la mayoría de destinatarios. Algunas empresas mitigan esta avalancha o correo basura en su dirección de correo electrónico habitual mediante la creación de una dirección especial para «anuncios clasificados» o tablones de anuncios para estos mensajes.

Otro ejemplo de aluvión de correos es cuando se envía un correo electrónico a toda una lista de contactos cuando sólo unas pocas personas de la lista necesitan la información. Por ejemplo, algunas personas, cuando planean tomarse un día libre, anuncian sus planes a todos sus contactos, avisando así a treinta y cinco personas cuando sólo cinco o seis necesitan saberlo realmente. Tal vez lo hagan para aumentar su propia sensación de importancia, o más probablemente, porque les resulta más fácil enviar un mensaje a todos que averiguar quién necesita realmente saberlo y simplemente teclear estos nombres. Al contestar un correo no debemos pulsar la tecla de «enviar a todos» a menos que todos los destinatarios necesiten saber la respuesta.

El exceso de correos electrónicos puede provocar que los destinatarios ignoren los mensajes o los eliminen involuntariamente. Debemos pedirle al receptor un acuse de recibo. Si los asuntos que tratamos son muy importantes, posteriormente es aconsejable realizar una llamada telefónica para asegurarnos de que el mensaje se ha recibido y comprendido.

«¿Quién lee mis correos?»

¿Cuán privados son nuestros correos electrónicos? No mucho. Seguramente tenemos una contraseña y asumimos que esta clave nos asegura la privacidad, pero los *hackers* han demostrado poder acceder incluso a los sistemas más sofisticados. Debemos aceptar el hecho de que cualquier información que enviamos por correo electrónico puede interceptarse. Si es necesario que nuestros mensajes sean confidenciales, éste no es el medio más adecuado.

Cabe recordar que cualquier correo electrónico que enviemos a través del ordenador de la empresa puede leerlo cualquier persona perteneciente a ésta. En los últimos años se han dado casos de despidos de trabajadores por haber enviado correos que infringían las normas de la empresa, y los tribunales han rechazado la alegación de los trabajadores por invasión de la intimidad.

Más graves son los casos de personas que han hecho comentarios o bromas a través de correos en los que acosaban sexual o racialmente a otros compañeros. En los juicios contra estos trabajadores se han presentado como pruebas las impresiones de estos correos, incluso a pesar de que sus directivos ignoraban estos mensajes. Esta situación ha llevado al despido de los remitentes y también se han tomado acciones legales tanto contra los trabajadores como contra las empresas.

Correos vs. llamadas telefónicas o visitas

Muchas personas tienden a recurrir preferiblemente a los correos antes que a las llamadas telefónicas o las visitas personales. Enviar un correo electrónico normalmente es una salida fácil. No tenemos que abandonar nuestro escritorio y consume menos tiempo que una llamada telefónica. No se pierde el tiempo en una pequeña charla o un debate prolongado sobre un proyecto. Lo único que se envía es el mensaje esencial. Pero, a menudo, esta pequeña charla y debate sobre ventajas e inconvenientes es importante. Además, la llamada telefónica permite una respuesta instantánea. No sólo ayuda a aclarar el mensaje, sino que también asegura que nosotros y la otra persona comprendemos los asuntos tratados de la misma manera.

No debemos sustituir las llamadas y los contactos personales por correos electrónicos. El contacto por voz o cara a cara con personas con las que tratamos regularmente fortalece la relación personal, lo cual es muy importante para construir y mantener una buena compenetración.

Resumen de qué hacer y qué evitar respecto a los correos

1. Preparar con esmero los correos y los mensajes de texto.
2. Leer y releer el mensaje antes de pulsar la tecla de «enviar».
3. Avisar a los receptores cuando no se necesita una respuesta. Ahorrará tiempo a ambos y evitará la avalancha de correos.
4. Utilizar guiones en lugar de párrafos. Facilita la lectura y la comprensión de las cuestiones más importantes.
5. No enviar bromas o historias subidas de tono por el correo de la empresa.
6. Responder rápidamente a un correo electrónico recibido, especialmente cuando requiere una atención inmediata. La velocidad de la comunicación es la mayor ventaja de este medio.

7. No usar el correo como sustituto de las llamadas o los contactos personales. Es importante mantener relaciones cara a cara o por teléfono con las personas con las que tratamos.
8. No participar en juegos por correo ni enviar o responder una cadena de mensajes o textos similares que hacen perder el tiempo dentro del horario laboral y en los ordenadores de la empresa.
9. No descargar en los ordenadores de la empresa material pornográfico u otros materiales despectivos con cualquier grupo étnico o racial. Recordar que cualquier persona puede leer nuestros correos y podemos ofender a otras personas de la empresa. Podría llevarnos a una situación embarazosa y a que se nos acuse por acoso sexual o racial.
10. No difundir chismorreos o rumores a través del correo electrónico. Ya es perjudicial que un rumor se repita por teléfono o en persona, pero los correos expanden exponencialmente el número de personas que reciben esta información.
11. Comprobar que nuestros destinatarios han recibido nuestros correos importantes pidiendo su confirmación o llamándolos después de enviarlos.
12. No enviar un correo a toda nuestra lista de contactos a menos que el mensaje incumba a todos.

Escribir mejores informes

La mayoría de directivos tienen que escribir informes sobre sus actividades o sobre proyectos especiales que les han asignado sus superiores. Normalmente estos informes no sólo son cruciales para el éxito de un proyecto, sino que también se juzga al autor por cómo ha redactado el informe y qué información ha incluido.

Denise, la encargada de compras de una empresa de muebles, se quedó horrorizada al leer y releer el informe que le había entregado

Gary, su nuevo asistente. Le había pedido que investigara qué tipo de carretilla elevadora era la más adecuada para sus necesidades. Su informe era un completo desastre. No sólo era superficial y carecía de un análisis claro, sino que también omitía algunos de los aspectos clave necesarios para tomar una decisión lógica.

Tendría que repetirse todo el estudio, ocasionando así un retraso importante de la obtención del equipamiento necesario. Era la primera tarea significativa de Gary y Denise estaba muy decepcionada. Quizás había cometido un error ascendiéndolo.

Muchas personas se defraudan a sí mismas por presentar informes mal desarrollados, mal planteados e incluso peor escritos. ¿Por qué? Tal vez creen que presentando los datos fundamentales ya es suficiente. Un buen informe debe contener mucho más que la información básica. Debería permitir al lector la obtención de los conocimientos suficientes sobre la materia tratada para poder tomar cualquier decisión necesaria. También debería escribirse de manera clara y concisa para que el lector no tenga que abrirse paso a través de una lectura irrelevante para llegar a las áreas importantes de interés.

Reunir todos los datos

Para realizar un informe es necesaria una planificación cuidadosa. Cuando a Gary se le asignó la tarea de obtener información sobre el equipamiento, lo único que hizo fue solicitar algunos documentos de los tres fabricantes más importantes, extraer unos pocos datos y resumir sus investigaciones en el informe.

¿Qué tendría que haber hecho Gary para ser más efectivo?

1. *Definir el problema:* ¿Cuál es el objetivo del informe? Se ha desperdiciado mucho tiempo, esfuerzo y dinero por no saber lo que realmente se pedía. Gary debería haberle pedido a Denise que le definiera claramente lo que quería saber. A menos que el autor del informe sepa el uso que se hará de él, debe dedicar más

tiempo a los aspectos secundarios de la situación, además de las áreas realmente importantes.

2. *Informarse bien:* una vez están claros los objetivos, debe tratarse de reunir toda la información necesaria. Gary hizo bien en obtener documentos de los fabricantes, pero no profundizó lo suficiente. Además, debería haber debatido la situación con las personas de su empresa que utilizarían las carretillas para conocer los problemas que tenían y cómo podría ayudarles el nuevo equipamiento. Debería haber entrevistado a representantes de ventas de las distribuidoras locales de estas carretillas y hablar con otros usuarios de este tipo de maquinaria para determinar sus opiniones y quizás conocer otro equipamiento que pudiera ser incluso más adecuado para sus necesidades.
3. *Analizar la información:* en cuanto hemos reunido la información, debemos juntar, correlacionar y analizar todos los datos. Si hacemos una lista y comparamos las ventajas y limitaciones de cada tipo de carretilla, será más fácil determinar cómo encajan con los objetivos deseados. Si un producto supone una clara ventaja, Gary debería recomendarlo. Sin embargo, es mejor presentar más de una alternativa para que Denise pueda tomar su propia decisión.

Al recopilar y analizar los datos, es útil usar algún método para unir la información y tenerla ordenada. Una buena técnica es crear una carpeta en el ordenador para el proyecto y crear documentos dentro de ésta para cada categoría principal del estudio. Podemos complementar esto con una carpeta o sobre para colocar los documentos apropiados, los informes de entrevistas, los impresos de los costes y similares.

De esta manera, hacer una preselección de los datos en lugar de juntar todo el material y ordenarlo más tarde puede ahorrarnos muchas horas de selección y recopilación.

Escribir el informe

En cuanto hayamos recopilado, juntado y evaluado todos los datos, podemos escribir el informe. Un buen informe de negocios debe resultar fácil de leer. Su lenguaje y forma deberían ser familiares para la persona o personas que lo van a leer. Un ingeniero que escriba para un grupo directivo no técnico debería intentar formular el informe con un lenguaje no técnico siempre que la materia lo permita.

El autor del informe dispone de ventaja cuando sabe lo que espera la directiva en términos de lenguaje, detalles del contenido, material gráfico, etcétera. Gary debería saber si Denise prefiere informes breves y precisos o una gran cantidad de detalles. ¿Quiere gráficos y diagramas o prefiere tablas estadísticas que proporcionen las cifras exactas?

Debemos conocer al lector y orientar el informe según sus intereses y deseos. Escribimos el informe para este individuo concreto, de modo que debemos adaptarlo a sus preferencias.

Formato del informe

Aunque no haya un estilo ideal, el formato que se propone en los siguientes párrafos se ha demostrado efectivo:

Exponer brevemente el problema: «Tal y como ha solicitado, aquí dispone de la información sobre las marcas y modelos de carretillas elevadoras para nuestro almacén».

Resumen y recomendaciones: presentar el resumen y las recomendaciones al inicio del informe. Permite que los ejecutivos que lo lean encuentren en seguida la información más importante. No tienen que leerse páginas y páginas repletas de detalles para hallar las recomendaciones.

Información de refuerzo detallada: ésta es la sustancia del informe. En ella hay que presentar todos los detalles que respaldan el resumen y las recomendaciones. Los diagramas, los gráficos y las tablas estadísticas pueden facilitar la comprensión del informe. Las fotografías, cuando son adecuadas, pueden ser de mucha utilidad.

Cuidar el lenguaje: debe ser claro y conciso. No es necesario utilizar un estilo elaborado y pedante. El lenguaje utilizado debe relacionarse con los intereses y la formación del lector. Es importante hacer un buen uso y selección de las palabras. Un informe puede ser terriblemente aburrido si no hay variedad en la estructura de las frases, color en el vocabulario y si hay demasiados clichés o un estilo de escritura demasiado banal.

¿Cuál debería ser la extensión de un informe?: debe ser lo suficiente extenso para explicar toda la historia, si bien no debe sobrepasar este límite. Debemos evitar la repetición. Un defecto común en la redacción de un informe es exponer la misma idea una y otra vez con distintas palabras.

Presentar el informe

Antes de presentar el informe deberíamos corregirlo detenidamente. Incluso un buen informe pierde su credibilidad si tiene faltas de ortografía, una estructura gramatical pobre y una mecanografía descuidada. Debemos revisar con esmero los datos, releerlos y, si es posible, lograr que lo lea una persona que conozca el tema. Debemos realizar cualquier cambio que sea necesario.

El prestar atención a las buenas formas de obtener y exponer información e ideas al escribir informes dará lugar a nuestro reconocimiento como personas que pueden cumplir una tarea asignada. Mejorará nuestra imagen a ojos de nuestros superiores en tanto personas que podemos comunicar ideas y exponer información de manera eficaz.

Lo más importante

- Planear el mensaje antes de escribir una palabra.
- Ser completos, concisos y claros.
- El mensaje será más claro y el lector lo aceptará más fácilmente si está escrito de la misma manera que hablamos.
- Utilizar diagramas, gráficos, fotografías, etc. donde sea apropiado para aclarar o ampliar el mensaje.
- Cuidar la gramática y la ortografía. Nuestro estilo de escritura refleja nuestra competencia.
- Prestar la misma atención a la redacción de correos electrónicos que a la composición de cartas y memorandos estándar.
- Al escribir un informe, reunir toda la información posible, analizar la situación y comprender lo que realmente quiere la persona a la que le presentaremos el informe y cómo quiere que lo presentemos.

Apéndice A

Sobre Dale Carnegie

Dale Carnegie fue un pionero de lo que ahora se conoce como el movimiento del potencial humano. Sus enseñanzas y libros han ayudado a personas de todo el mundo a tener confianza en sí mismas y a ser personas agradables e influyentes.

En 1912, Dale Carnegie ofreció su primer curso en una conferencia pública en una YMCA de Nueva York. Como en la mayoría de conferencias públicas de aquella época, Carnegie empezó la charla con una clase teórica, pero pronto se dio cuenta de que los miembros de la clase parecían estar aburridos e inquietos. Tenía que hacer algo.

Dale dejó de hablar y, tranquilamente, señaló a un hombre de la última fila y le pidió que se levantara y hablara de manera improvisada sobre su pasado. Cuando el estudiante terminó, le pidió a otro que hablara de sí mismo, y así hasta que todos los presentes hubieron dado un breve discurso. Gracias a los ánimos de sus compañeros de clase y a las orientaciones de Dale Carnegie, cada uno de ellos superó su miedo y pronunció charlas satisfactorias. «Sin saber lo que estaba haciendo, tropecé con el mejor método para conquistar el miedo», declaró Carnegie posteriormente.

Sus cursos se hicieron tan populares que fue invitado a ofrecerlos en otras ciudades. A medida que pasaron los años, mejoró el contenido del curso. Descubrió que los estudiantes estaban interesados sobre todo en aumentar la confianza en ellos mismos, en mejorar sus relaciones interpersonales, en triunfar en sus profesiones y en superar el miedo y la preocupación. A raíz de ello, modificó el curso para tratar sobre estos asuntos en lugar de centrarse en el de hablar en público. Estas charlas se convirtieron en los medios hacia un fin en vez de una finalidad en sí misma.

Además de lo que aprendió de sus estudiantes, Carnegie participó en una extensa investigación sobre la manera de abordar la vida de hombres y mujeres triunfadores, y lo incorporó en sus clases. Esto lo llevó a escribir su libro más famoso, titulado *Cómo ganar amigos e influir sobre las personas.*

Este libro se convirtió en superventas instantáneamente y desde su publicación en 1936 (y su edición revisada en 1981), se han vendido más de veinte millones de copias y se ha traducido a treinta y seis idiomas. En el año 2002, *Cómo ganar amigos e influir sobre las personas* fue elegido el primer Libro de Negocios del siglo xx. En 2008, la revista *Fortune* lo calificó como uno de los siete libros que todo líder debería tener en su biblioteca. Otro libro del autor, titulado *Cómo dejar de preocuparse y empezar a vivir,* escrito en 1948, también ha vendido millones de copias y se ha traducido a veintisiete idiomas.

Dale Carnegie murió el 1 de noviembre de 1955. La necrológica de un periódico de Washington resumió su contribución a la sociedad del siguiente modo: «Dale Carnegie no resolvió ninguno de los misterios profundos del universo pero, quizás, más que nadie de su generación, ayudó a los seres humanos a aprender a relacionarse, lo cual a veces es una de las necesidades más importantes».

Sobre Dale Carnegie & Associates, Inc.:

Fundado en 1912, Dale Carnegie Training evolucionó de la fe individual en la fuerza de de la autosuperación a una empresa de formación basada en el rendimiento con oficinas por todo el mundo. Se centra en ofrecer a las personas empresarias la oportunidad de agudizar sus habilidades y mejorar su rendimiento a fin de construir resultados positivos, firmes y provechosos.

El cúmulo de conocimiento original de Dale Carnegie se ha ido actualizando, ampliando y refinando a lo largo de casi un siglo de experiencias de la vida real. Las ciento sesenta franquicias de Dale Carnegie repartidas por todo el mundo utilizan sus servicios de formación y consulta con empresas de todos los tamaños y de todos los campos para mejorar el aprendizaje y el rendimiento. El resultado de esta experiencia colectiva y global es una reserva en expansión de la visión de negocios en la que confían nuestros clientes para impulsar sus resultados empresariales.

Con su sede central en Hauppauge, Nueva York, Dale Carnegie Training se halla en los cincuenta estados de Estados Unidos y en otros setenta y cinco países. Más de dos mil setecientos instructores presentan programas de Dale Carnegie Training en más de veinticinco idiomas. Dale Carnegie Training se dedica a servir a la comunidad de empresarios de todo el mundo. De hecho, aproximadamente siete millones de personas han completado el curso.

Dale Carnegie Training destaca los principios y procesos prácticos mediante el diseño de programas que ofrecen a las personas el conocimiento, las habilidades y las prácticas que necesitan para aumentar el valor de sus empresas. Por su unión de soluciones demostradas con desafíos reales, Dale Carnegie Training es reconocido internacionalmente como la formación líder encargada de sacar lo mejor de las personas.

Entre las personas graduadas en estos programas, se encuentran directores de las mayores empresas, propietarios y jefes de empresas de todos los tamaños y de todas las actividades comerciales e industriales, líderes legislativos y ejecutivos del gobierno e innumerables individuos cuyas vidas han mejorado notablemente a raíz esta experiencia.

En una encuesta mundial en curso sobre la satisfacción del cliente, el 99 por 100 de los graduados en el Dale Carnegie Training está satisfecho con la formación que recibe.

Sobre el editor

Este libro fue compilado y editado por el doctor Arthur R. Pell, que fue asesor de Dale Carnegie & Associates durante veintidós años y fue elegido por la empresa para editar y actualizar el libro *Cómo ganar amigos e influir sobre las personas.* También ha sido autor de *Enrich Your Life, the Dale Carnegie Way* y escribió y editó «The Human Side», un artículo mensual de Dale Carnegie que se publicó en ciento cincuenta revistas comerciales y profesionales.

Es autor de más de cincuenta libros y de cientos de artículos sobre gerencia, relaciones humanas y autosuperación. Además de sus propios escritos, el doctor Pell ha editado y revisado libros clásicos del campo del potencial humano tales como *Piense y hágase rico* de Napoleon Hill, *El poder de la mente subconsciente* de Joseph Murphy, *Como un hombre piensa así es su vida* de James Allen, *El sentido común* de Yoritomo Tashi y obras de Orison Swett Marden, Julia Seton y Wallace D. Wattles.

Apéndice B

Los principios de Dale Carnegie

Ser una persona más amigable

1. No criticar, condenar o quejarse.
2. Demostrar aprecio honesto y sincero.
3. Despertar en la otra persona un deseo impaciente.
4. Estar verdaderamente interesados en los demás.
5. Sonreír.
6. Recordar que el nombre de una persona es para ella el sonido más dulce en cualquier idioma.
7. Saber escuchar. Animar a los demás a hablar de sí mismos.
8. Hablar en términos de los intereses de los demás.
9. Hacer que los demás se sientan importantes, y hacerlo con sinceridad.
10. A fin de sacar lo mejor de una discusión, evítala.
11. Respetar la opinión de los demás. Nunca decirle a una persona que está equivocada.
12. Si uno está equivocado, debe admitirlo rápidamente y con empatía.
13. Empezar de manera amigable.
14. Conseguir que la otra persona nos diga que «sí» inmediatamente.
15. Dejar que los demás hablen más que nosotros.
16. Permitir que la persona sienta que la idea es suya.

17. Intentar honestamente ver las cosas desde el punto de vista de la otra persona.
18. Ser comprensivos con las ideas y los deseos de los demás.
19. Apelar a los motivos más nobles.
20. Escenificar nuestras ideas.
21. Lanzar desafíos.
22. Elogiar y apreciar honestamente.
23. Llamar la atención sobre los errores de los demás indirectamente.
24. Hablar sobre los propios errores antes de criticar a los demás.
25. Preguntar en lugar de dar órdenes.
26. Permitir que la otra persona salve las apariencias.
27. Elogiar siempre cualquier mínima mejora. Ser «calurosos con nuestra aprobación y generosos con los elogios».
28. Ofrecer a la otra persona una buena reputación a la que aspirar.
29. Dar ánimo. Hacer que los defectos parezcan fáciles de corregir.
30. Lograr que los demás estén contentos de hacer lo que les pedimos.

Principios fundamentales para superar la preocupación

1. Vivir en «compartimentos estancos al día».
2. Cómo enfrentarse a los problemas:
   - Preguntarse: «¿qué es lo peor que me podría ocurrir?».
   - Prepararse para aceptar lo peor.
   - Tratar de mejorar lo peor.
3. Recordarse a uno mismo el precio desorbitante que se puede pagar por la preocupación en términos de salud.

Técnicas básicas para analizar la preocupación

1. Conseguir todos los datos.
2. Sopesarlos y tomar una decisión.

3. Una vez tomada la decisión, actuar.
4. Anotar y responder las siguientes preguntas:
   - ¿Cuál es el problema?
   - ¿Cuáles son las causas del problema?
   - ¿Cuáles son las posibles soluciones?
   - ¿Cuál es la mejor solución posible?
5. Acabar con el hábito de preocuparse antes de que éste acabe con nosotros.
6. Mantenerse ocupado.
7. No preocuparse por pequeñeces.
8. Usar la ley de la probabilidad para eliminar nuestras preocupaciones.
9. Cooperar con lo inevitable.
10. Decidir cuánta ansiedad merece una cosa y negarse a darle más.
11. No preocuparse por el pasado.
12. Cultivar una actitud mental que nos aporte paz y felicidad.
13. Llenar nuestra mente de pensamientos de paz, coraje, salud y esperanza.
14. Nunca intentar vengarnos de nuestros enemigos.
15. Esperar ingratitud.
16. Hacer un recuento de nuestras ventajas, no de nuestros problemas.
17. No imitar a los demás.
18. Intentar beneficiarse de las propias pérdidas.
19. Hacer felices a los demás.

Índice